AF550092

INTUITIV ZEICHNEN

Thomas Lüchinger

INTUITIV ZEICHNEN
Sehen mit allen Sinnen

Zytglogge Werkbuch

„Man sieht nur mit dem Herzen gut.
Das Wesentliche ist für die Augen unsichtbar.“

Antoine de Saint-Exupéry

I SICH AUF SICH SELBST EINSTIMMEN

II SEHEN MIT DEM GANZEN KÖRPER

III MENSCHENZEICHNEN · KÖRPERZEICHEN

INHALT

SICH AUF SICH SELBST EINSTIMMEN

SEHEN MIT DEM GANZEN KÖRPER

MENSCHENZEICHNEN • KÖRPERZEICHEN

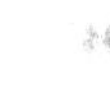

„WIR HALTEN INNE, UM EINFACH DA ZU SEIN,
UM MIT DER WELT UND UNS SELBST ZU SEIN.
WENN WIR FÄHIG ZUM INNEHALTEN SIND,
BEGINNEN WIR ZU SEHEN. UND WENN WIR SEHEN KÖNNEN,
VERSTEHEN WIR AUCH.“

THICH NHAT HANH

EINFÜHRUNG

Dieses Buch ist eine Einladung. Zeichnen heißt hier, einen ungewohnten Weg einzuschlagen und eine lebendige Beziehung mit allen Sinnen herzustellen. Zeichnungen sind Spuren – Ausdruck der Beziehung zu sich selbst, zum Material, zur Umgebung, zur Natur, zu anderen Menschen. Zeichnungen machen Erlebtes, Empfundenes, Gefühltes Gedachtes, Gesehenes sichtbar.

Als Lehrer stellten sich mir immer wieder die gleichen Fragen: Wie kann aus dem Bedürfnis, eine Fähigkeit zu erlernen, die Bereitschaft entstehen, sich auf neue Wahrnehmungsprozesse einzulassen, eine achtsame Sinnestätigkeit zu entwickeln? Gibt es einen Weg, sich von einengenden Vorstellungen, vom Kopieren und von Denkmustern zu lösen, um Zeichnen als ganzheitliches Erleben und handelndes Gestalten zu verstehen? Wie kann Zeichnen – wenn es um das Wahrnehmen und Mitgestalten von Lebenswirklichkeit geht – zur sinnlichen Erfahrung und erkennenden Einsicht beitragen? Wie können einschränkende Blockierungen gelöst und Freude am Tun entwickelt werden?
Aus solchen Fragen sind die Übungen dieses Buches entstanden. Ich verstehe sie als Anregungen und Impulse. Überprüfen Sie diese durch Ihr eigenes Tun, finden Sie zeichnend, wahrnehmend, spürend, experimentierend Ihre eigenen Antworten.

Zeichnen zu lernen bedeutet in erster Linie, Aufmerksamkeit zu entwickeln. Durch Sorgfalt im Umgang mit uns selbst erleben wir unseren Körper als Instrument, das sowohl spürt und wahrnimmt als auch formt und gestaltet. Im ersten Teil des Buches steht die Beziehung zu sich selbst im Vordergrund. Die Konzentration auf den eigenen Körper fördert das Spüren und die Fähigkeit zu inneren Bildern. Wir machen unseren Körper bereit zum Erleben und zum Sehen.
Im zweiten Teil werden wir uns der vielfältigen Sinnesfähigkeiten des Körpers bewußt. Das Sehen wird mit den Möglichkeiten des Tastsinns und anderer Sinnesorgane bereichert. Zeichnungen werden zu Spuren aus sehendem Tasten und tastendem Sehen. In spielerischen Übungen wecken wir die Sinne für eine achtsame Beziehung mit dem Außen. Durch die Verlangsamung des Sehens wird uns die außergewöhnliche Vielfalt alltäglicher Dinge bewußt.
Zeichnen nach der menschlichen Figur bedeutet, intensiv an der Einzigartigkeit des menschlichen Lebens selbst teilzunehmen. Men-

schen zu zeichnen ist ein großes Bedürfnis; liegt der Grund vielleicht darin, daß wir in der einfühlsamen Beziehung zu anderen Menschen uns selbst intensiver erleben und besser verstehen?
Im dritten Teil geht es um die Erweiterung des Sehens durch die natürliche Kraft unseres Einfühlungsvermögens. Zeichnen ist hier nicht Nachahmung, sondern Lernen durch angeregtes und sinnenbezogenes Erleben und Erfahren. Lernen wird zur interessanten eigensten Sache.
Alle Übungen können ebensogut von einzelnen für sich selbst wie zum Unterrichten verwendet werden. Die drei Teile bauen aufeinander auf, es ist jedoch sinnvoll, Übungen aus den verschiedenen Teilen miteinander zu kombinieren. Fördern Sie spielerische Experimentierfreude und Risikobereitschaft, auch wenn das Durchbrechen von Gewohnheiten irritiert und Widerstände wachruft – Widersprüche können sich als Chance entpuppen, verschiedenste Erfahrungen sich plötzlich ergänzen. Aufmerksamkeit im Wahrnehmen und Gestalten ist weder eine Sache der Begabung noch des Alters. Beachten Sie jedoch die altersspezifischen Möglichkeiten, und passen Sie Ziele und Inhalte an. Zeichnen lernen heißt üben. Wenn Sie Ihre Achtsamkeit, Ihre Konzentration, Ihre Geduld, Ihr Einfühlungsvermögen üben, entwickelt sich Vertrauen in Ihre Gestaltungs- und Umgestaltungskraft. Zeichnungen sind das Geschenk daraus, Spuren des gegangenen Weges.

Ich bedanke mich bei allen, die zur Entstehung dieses Buches beigetragen haben. Es sind dies besonders die Teilnehmerinnen und Teilnehmer meiner Kurse; von ihnen sind alle Abbildungen. Ganz besonders danke ich Urs Lüchinger, Uli Suter, Hanna Zirn, Susanne Däbritz, Bea Eggenberger, Peter Meier, Edith Biedermann und vielen Freunden, die mich ermutigt und unterstützt haben.

Die Herstellung des Buches wurde ermöglicht dank der Unterstützung der Präsidialabteilung der Stadt Zürich, der Cassinelli-Vogel-Stiftung Zürich, der Walter- und Ambrosina-Oertli-Stiftung Zürich, der Firma Caran d'Ache Genf und der Firma M+P Fotolitho Effretikon.

Verschiedene Bücher haben mich angeregt und in meinen Gedanken unterstützt: „Gebrauch der Sinne“ von Gert Selle, „Natural way to draw“ von Kimmon Nicolaides und „Das Wunder der Achtsamkeit“ von Tich Nath Han.
Die Übungen sind für eine Veranstaltungsreihe mit Studierenden an der Eidgenössisch Technischen Hochschule Zürich (ETH) entstanden.

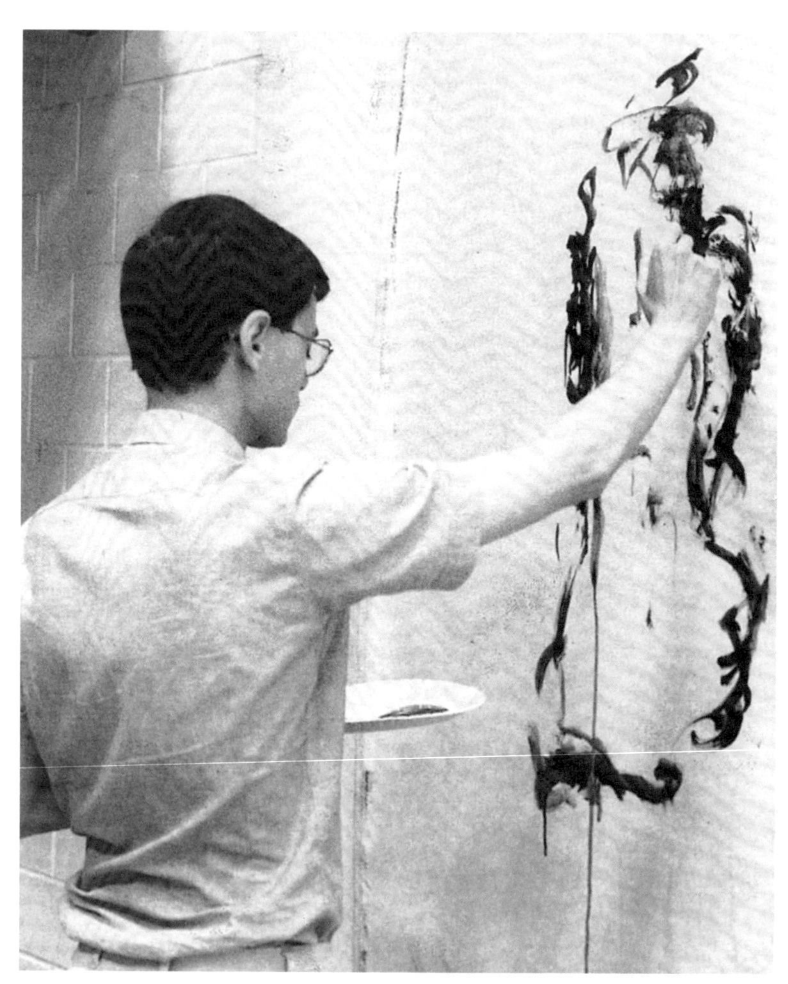

I SICH AUF SICH SELBST EINSTIMMEN

ANHALTEN

Bevor wir mit dem Zeichnen beginnen, ist es wichtig anzuhalten, um die Betriebsamkeit des Alltags zu stoppen. Sich auf sich selbst einzustimmen und den Körper wahrzunehmen bedeutet, Raum zu schaffen und bereit zu werden zum Sehen. Ich möchte Ihnen hier eine Übung vorstellen, die ins Innere horchen läßt, um uns selbst wahrzunehmen und die Sinne zu wecken. Dabei richten wir unsere Aufmerksamkeit auf den Körper, um uns zu entspannen und um vertraut zu werden mit dem, was wir in uns selbst spüren. Nehmen Sie diese Entspannungsübung als Anregung und entwickeln Sie Ihre eigenen „Rituale". So nehmen wir die Spur im Inneren auf und versuchen, uns anstatt vom Willen vom Gespürten führen zu lassen. Ich werde am Anfang der Übungen immer wieder auf die Wichtigkeit des Anhaltens hinweisen. Selbst wenn es sich nur um ein paar Minuten handelt, wird der Einfluß auf Ihren Körper, Ihre Wahrnehmung und auf Ihr Zeichnen wesentlich sein.

ENTSPANNEN

Legen oder setzen Sie sich bequem hin, und schließen Sie die Augen. Die Arme liegen seitlich des Körpers oder auf Ihren Beinen. Die Beine sind ausgestreckt, oder beide Füße stehen auf dem Boden. Wir beginnen unsere Aufmerksamkeit auf das Ein- und Ausatmen zu richten und wenden uns langsam den Füßen zu. Diese Zuwendung geschieht mit einem offenen inneren Blick. Lassen Sie sich dabei von Ihren Empfindungen führen, und richten Sie die Aufmerksamkeit auf das innere Geschehen. Ablenkende Gedanken können verblassen. Indem Sie sich auf Ihre Atmung konzentrieren, entfaltet der Körper sein eigenes Lebendigsein und läßt Verspannungen los. Gehen Sie langsam von Körperteil zu Körperteil, verweilen Sie und spüren Sie die entspannende Wirkung. Nehmen Sie auch die Zweiseitigkeit des Körpers wahr, das Vorne und Hinten, die linke und rechte Seite. Diese innere Reise bedeutet aber nicht nur Entspannung, sondern auch Anregung. Ihr Körper, alle Organe werden wacher. Gehen Sie ohne Hast durch den Körper, und wenden Sie sich schließlich besonders dem Nacken, dem Kopf und dem Kiefer zu. So machen Sie Ihren Körper bereit, in einer lebendigen Beziehung mit dem Außen anzuklingen. Nicht nur Bereitschaft zum Aufnehmen wird geschaffen, sondern auch Vertrauen in den eigenen Körper entwickelt. Sie nehmen

Bewegung im Inneren wahr und beginnen sich von den Empfindungen des Körpers führen zu lassen. Die Fähigkeit, ganz bei sich zu sein, unterstützt die Fähigkeit, aufmerksam wahrzunehmen und sich in andere einzufühlen. Durch differenzierte Selbstwahrnehmung lernen Sie auch andere, die Natur, Ihre Umwelt differenzierter wahrzunehmen.

GEHEIMNISVOLLE WEGE EINSCHLAGEN

Zeichnen heißt hier nicht Kopie, Abklatsch von Vorstellungen, von Begriffen, Ideen; es ist nicht Nachahmung, sondern bedeutet Eintauchen in die Rhythmen der inneren und äußeren Natur. Neue, geheimnisvolle Wege werden eingeschlagen. Freiheit statt Gefälligkeit, Intuition statt Analyse, Risiko statt Konformität. Es geht um die Spuren aus dem Spüren des erlebenden, fühlenden und erinnernden Körpers. Stellen Sie immer wieder die Frage: Was spüre ich – was werde ich sehen? Das Denken soll hier für einmal zurückstehen zugunsten des Gespürten.
Zeichnen kann als Tätigkeit in einer unerschöpflichen Vielfalt erlebt werden. Zeichnungen sind sichtbare Spuren aus der Bewegung des Körpers, der Augen, der Hand und der Gefühle. Der Körper, die Hand bewegt sich, Linien werden sichtbar, verwandeln sich – Bewegungslinien, Empfindungslinien. Zeichnen soll die Spur aus der Beziehung zu sich selbst und zum Außen sein. Es geht um das, was wir wahrnehmen und spüren. Wir nehmen Beziehung auf zum Arbeitsmaterial, zum Papier, zu den Stiften (zeichnen Sie mit allen möglichen Instrumenten, auch selbstgemachten). Erforschen Sie die Spuren aus Bewegung. Der Körper, die Hand, die Werkzeuge, das Papier wirken mit, regen Spiel, Improvisation, Erleben und Erfahren an. Der Körper selbst fühlt, nimmt wahr und ist gleichzeitig Instrument, das gestaltet und erzeugt. Im Inneren tauchen Gefühle und Bilder auf und lösen Bewegungen aus, feine, starke, sanfte.
Zeichnen soll hier ein Wachsen sein, Pflanzen gleich, Wurzeln treibend, Verflechtungen schaffend nach Innen und nach Außen, Spuren, Linien, Flächen – Wildwuchs.

Übung 1

In dieser Übung nehmen wir Beziehung zu inneren Bildern auf. Legen Sie sich ein A2-Papier und verschiedene Stifte, Kohlestifte, Fettkreiden usw. bereit. Schließen Sie die Augen, und beginnen Sie mit Ihren Handballen die Augen leicht zu reiben, sie sanft zu drücken. Beobachten Sie die aus dem Dunkel entstehenden Formen, Muster, Blitze, Zeichen. Verändern Sie den Druck der reibenden Hände, und nehmen Sie teil am inneren Geschehen. Nehmen Sie alles wahr, Formen, Helligkeiten, Muster, und lassen Sie sich Zeit zum Staunen. Versuchen Sie dazu auch, Klänge zu hören, laute, leise, spitze, sanfte, rasselnde usw.

Zeichnen Sie danach mit geschlossenen Augen beidhändig, aus der Erinnerung dieser inneren Erfahrung. Der Körper, die Arme, die Hände bewegen sich und übersetzen das Erlebte in Spur. Lernen Sie dabei die vielfältigen Möglichkeiten Ihres Körpers, der zeichnenden Hände und der Instrumente kennen. Welche Bewegungen hinterlassen welche Spuren – ruhige, heftige, schnelle, schwingende, tropfende, schleifende, strichelnde, kreiselnde? Überlassen Sie dem erinnernden Körper die Führung. Zeichnen Sie so während ca. 20 Minuten.

Betrachten Sie danach Ihre Zeichnungen – die Spuren aus Erinnerung und Bewegung. Sie haben so ein inneres Bild gezeichnet. Lassen sich die Spuren mit dem Erlebten in Beziehung bringen? Es gibt hier kein Richtig oder Falsch, einzig stärkeres oder weniger starkes Eingehen auf Erlebtes, Gespürtes und Erinnertes.

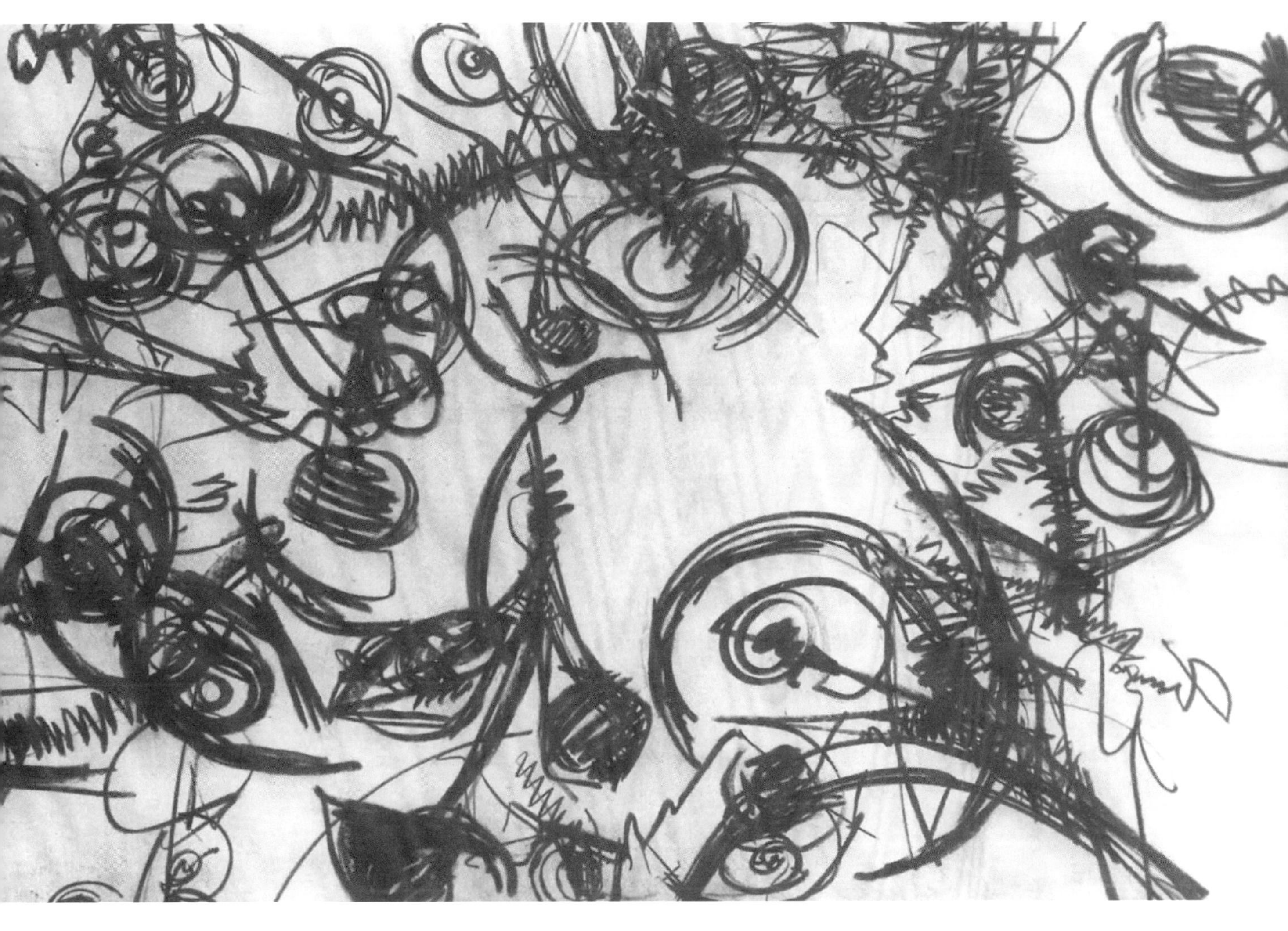

„Und schließlich gibt es die konstante Ungeschicklichkeit der Hand. Es scheint ohne Anstrengung gemacht, und doch ist es nicht eigentlich kindhaft, denn das Kind strengt sich an, drückt auf, bessert aus mit hängender Zunge. Es arbeitet hart, um den Code der Erwachsenen zu erreichen. Twombly entfernt sich davon, er läßt locker, er läßt seine Hand schleifen, seine Hand scheint zu entschweben. Es ist, als ob das Wort mit spitzen Fingern geschrieben wäre, nicht aus Überdruß oder Langeweile, sondern aus einer Grille heraus, die das hintergeht, was man von der schönen Handschrift eines Malers erwartet."

Roland Barthes, Cy Twombly; New York 1979

SICH MIT MUSIK ZUM SEHEN BEREITMACHEN

Um sich auf das Zeichnen einzustimmen und bereitzumachen zum Sehen, können Sie selbst eigene Möglichkeiten und Spiele erfinden, wie das Einrichten des Arbeitsplatzes, das Bereitlegen des Materials, eine gegenseitige Massage der Hände, des Nackens, des Kopfes, die erwähnte Entspannungsübung oder Zeichnen zu Musik. Zeichnen Sie nach Möglichkeit an einer Wand, andernfalls auf dem Boden. Legen Sie sich hin zur inneren Vorbereitung, oder setzen Sie sich bequem hin, so daß der Kopf nicht nach unten geneigt ist.

Übung 2

Legen Sie sich an der Wand oder auf dem Boden Papier und verschiedene Stifte bereit. Wählen Sie ein großes Format. Schließen Sie die Augen, und hören Sie ein Musikstück, das Sie nach Ihrem Bedürfnis wählen. Es soll zum Impuls werden für Ihre Zeichnung. Lassen Sie sich führen vom Rhythmus, von den Klängen, von Höhen und Tiefen, Feinem und Intensivem, vom Charakter verschiedener Instrumente, von Bewegungen. Innere Bilder tauchen auf. Zeichnen Sie dann beidhändig mit geschlossenen Augen. Lassen Sie Spuren entstehen aus dem Hören durch tanzende Bewegungen Ihres Körpers. Entwickeln Sie Freude am Hören und an der spielerischen Großzügigkeit Ihres Tuns. Zeichnen bedeutet hier Bewegung, Tanz, Rhythmus, Klang. Bestimmen Sie eigene Spielregeln für das Zeichnen. Teilen Sie z.B. den Bildraum ein, um zeitliches Nacheinander der Musik auf der Fläche zu ordnen: von oben nach unten, von der Mitte ausstrahlend etc. Wählen Sie Mittel, Farben und Formate, die der Musik entsprechen. Zeichnen Sie allein oder in Gruppen. Finden Sie dann gemeinsam Regeln. Entwickeln Sie eigene, neue Möglichkeiten aus Ihren Erfahrungen, und tauschen Sie diese gegenseitig aus. Vertonen Sie danach Ihre Bilder mit Musikinstrumenten, und improvisieren Sie, musizieren Sie gemeinsam dazu.

Nehmen Sie diese Impulse zur Einstimmung als eine Empfehlung. Entwickeln, verändern und variieren sie diese anhand Ihrer eigenen Ideen und Möglichkeiten, aufgrund Ihrer Erfahrungen.

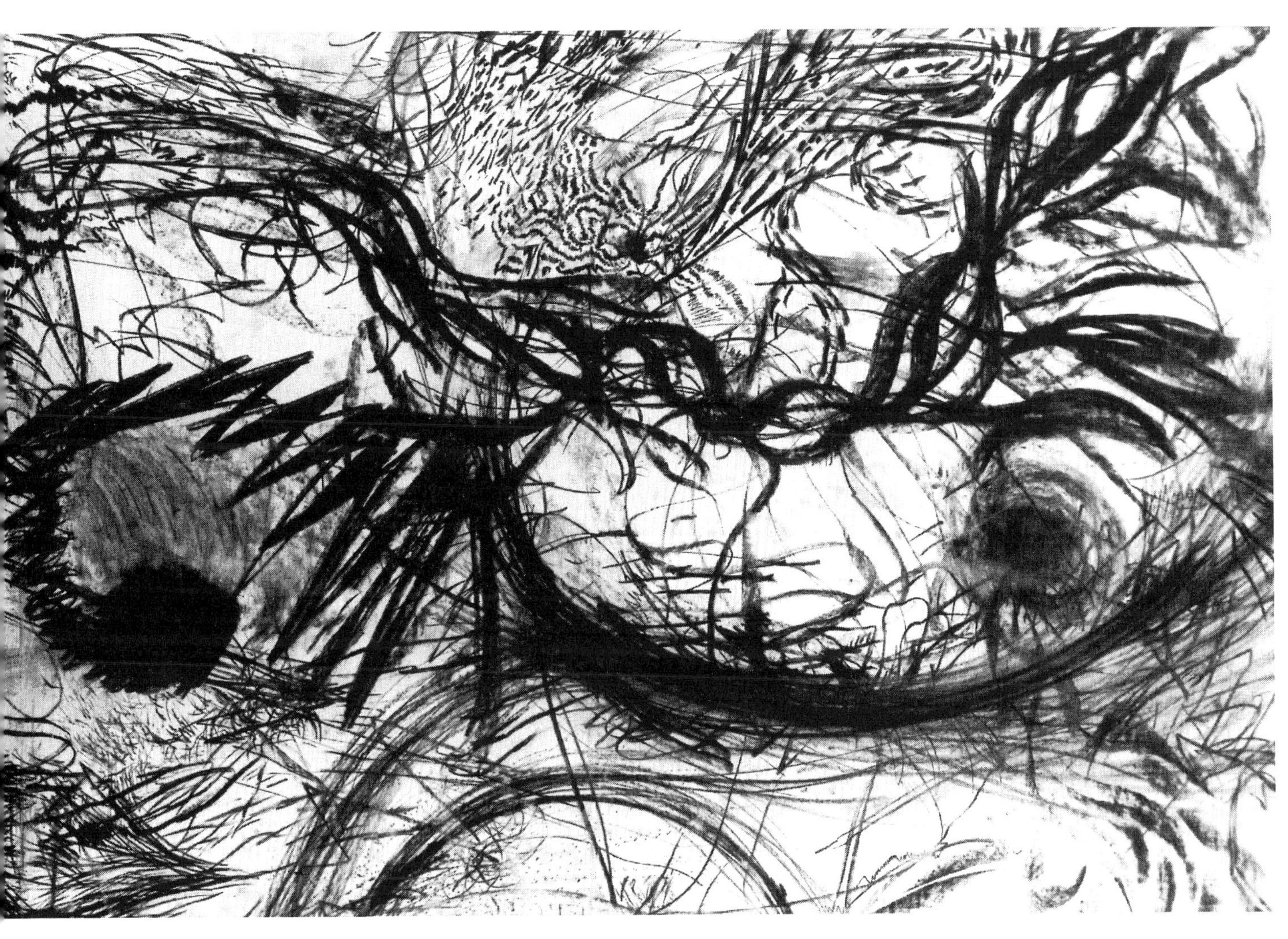

„Die Intuition ist ein göttliches Geschenk,
der denkende Verstand ein treuer Diener.
Es ist paradox, daß wir heutzutage
angefangen haben, den Diener zu verehren
und die göttliche Gabe zu entweihen."

Albert Einstein

EIN SPIEL MIT LINIEN UND SPUREN

Übung 3

Legen Sie ein großes Papier (Packpapier, Rückseite von Plakaten etc.) und verschiedene Zeicheninstrumente bereit: Kohle, Graphitstifte, Fettstifte, Pinsel, selbstgemachte Werkzeuge wie Gräser, Federn, Holzstükke, Zahnbürsten, Schnüre, Schwämme – Tusche, flüssige Farbe.
Zeichnen Sie sowohl mit geschlossenen Augen als auch sehend. Lassen Sie ein gestisches Mienenspiel entstehen. Der Körper bewegt sich, die Werkzeuge in den Händen hinterlassen Spuren. Erproben Sie die vielfältigen Möglichkeiten der Instrumente, und stellen Sie sich die Wirkungen aus der Intensität Ihrer Bewegungen vor. Nehmen Sie am vielfältigen Geschehen teil, und versuchen Sie nicht, Bilder zu machen, sondern lassen Sie Spuren aus Bewegungen entstehen – Schnelles, Langsames, Feines, Heftiges, Rundes, Gerades, Ruhiges, Leidenschaftliches. Zeichnen heißt hier erleben, wachsen, wuchern, sich verlieren, schaben, tanzen, kratzen, streicheln, schlagen, wiederholen, schön sein, wild sein ...
Betrachten Sie danach diese Bewegungsspuren und die Wirkungen daraus. Nehmen Sie die Spuren in ihrer Vielfalt wahr und assoziieren Sie dazu. Reagieren Sie, indem Sie zum Gezeichneten sehend-zeichnend in einen Dialog treten durch Ergänzen, Überlagern, Verbinden, Ausdehnen, Hinzufügen. Erleben Sie das Zeichnen als zeichenhaftes Fragen und Antworten, als Annäherung und Ablehnung, als Gemeinsames und Gegensätzliches, als Dialog der Spuren. Nehmen Sie Ihren Körper, Bewegungen der Hände, die vielfältigen Möglichkeiten, mit Instrumenten umzugehen, wahr. Spielen Sie mit Grenzen. Denken Sie nicht daran, etwas Schönes zu machen, sondern erleben Sie die Bewegung als Basis des Zeichnens. Bewegungsspuren entstehen aus dem lebendigen Spektrum Ihres Körpers und werden zu bildhafter Sprache.

Es geht hier darum, im Zeichnen ganz gegenwärtig zu sein mit dem Körper, mit Bewegungen und Spuren zu spielen. Sehen Sie den Spuren zu, lassen Sie sich erinnern und anregen, assoziieren Sie dazu. Zeichnen Sie beidhändig auf großen und kleinen Formaten. Zeichnen bedeutet hier Bewegung, Spur, Zusehen, Zuhören, Zufall, Einfall, Unglücksfall, Fehler, Spiel, Ungewohntes. Entdecken Sie frische Möglichkeiten, lassen Sie Überraschung zu, improvisieren Sie.

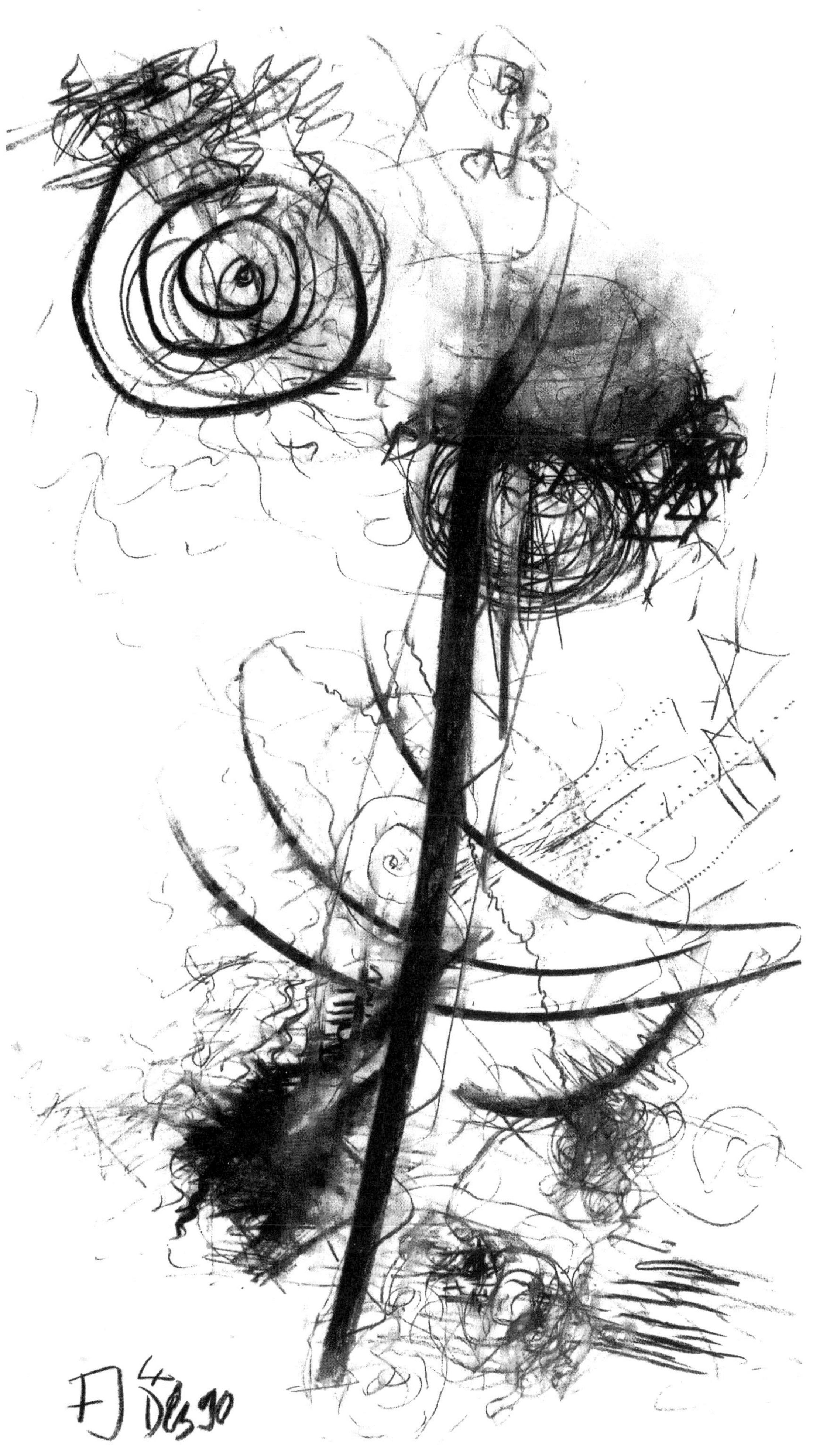

Blindzeichnung – der Körper bewegt sich und hinterläßt Spuren.

DER KÖRPER – QUELLE DER INSPIRATION

Beim Zeichnen erleben wir den Körper sowohl wahrnehmend-spürend als auch handelnd-gestaltend.

Wir beschäftigen uns hier mit unserem Körper, der sich – einem Instrument gleich – in Schwingung versetzen läßt, und verschaffen der inneren Stimme Gehör. Aus dem blinden Horchen in den eigenen Innenraum können Formen und Strukturen entstehen, die nicht dem bekannten Körperbild entsprechen. Zeichnen wird hier zu einer intensiven Begegnung mit sich selbst. Es ist der Versuch, Inneres wahrzunehmen und diese Sphäre sichtbar zu machen: Aus dieser Selbstbegegnung entstehen Spuren – Zeichnung als Befindlichkeitsspur. Dieses körperbezogene innere Wahrnehmen soll eine Sehweise eröffnen, die vom Spüren bestimmt wird.

Still werden, die Augen schließen, in den eigenen Körper hineingehen, gleichzeitig sowohl innen als auch außen sein. In der Stille beginnen wir zu hören, es ergeben sich viele Möglichkeiten: Chaos, Ordnung, Wirrnis, Muster. Eine bestimmte Empfindung taucht auf, Sie hören Geräusche, nehmen Druckstellen wahr, spüren den Wind, Wärme, Kälte, Gedanken tauchen auf, Erinnerungen, Bilder. Jede dieser inneren Wahrnehmungen löst eine bestimmte Bewegung aus, hinterläßt ein bestimmtes Zeichen und formuliert eine bestimmte Wahrheit.

Zeichnen als Begegnung mit sich selbst eröffnet uns Erkenntnisse über uns und schafft damit neue Lebensmöglichkeiten.
Für die Körperzeichnungen aus Spüren empfehle ich große Papierformate, zur direkten Umsetzung des Erlebten in Bewegung und Spur. Es ist jedoch auch möglich, mit kleineren Formaten zu arbeiten und diese den Bedürfnissen entsprechend zu variieren.

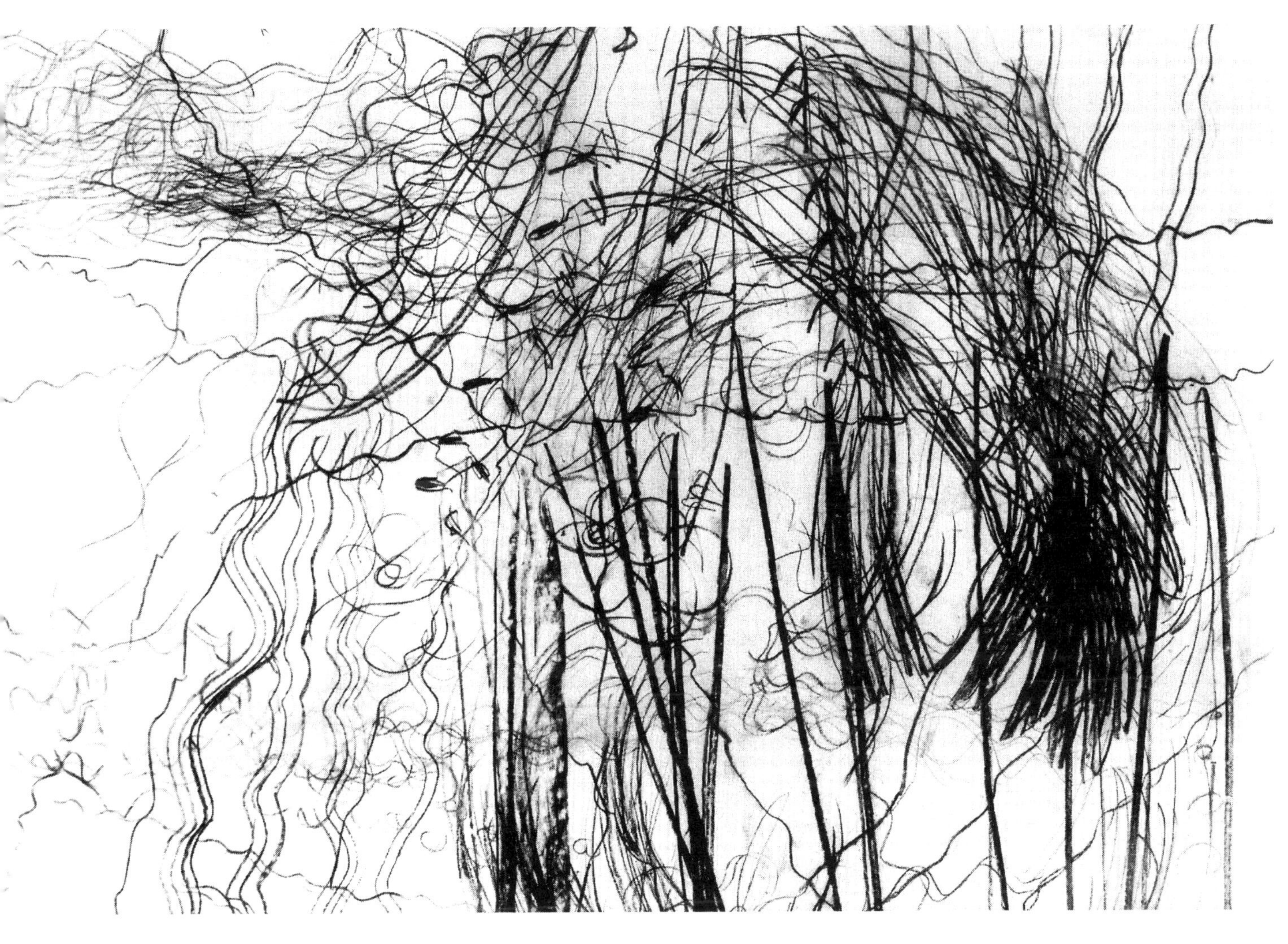

„ICH sagst du, bist stolz auf dieses Wort, aber das Größere ist,
woran du nicht glauben willst, dein Leib und seine große Vernunft.
Die sagt nicht ICH, aber tut ich."

F. Nietzsche, „Also sprach Zarathustra"

EIN SUBJEKTIVES KÖRPERBILD

Übung 4

Befestigen Sie ein Papier am Boden, das größer ist als Sie selbst, und bereiten Sie Kohlestifte vor. Legen Sie sich auf das Papier und schließen Sie Ihre Augen. Gehen Sie langsam durch Ihren Körper hindurch, von den Füßen bis zum Scheitel. Achten Sie dabei auf ihre Empfindungen: Gespanntes, Entspanntes, Schmerzen, Wohlgefühl, Druckstellen, Temperatur, Luftzug, Geräusche, Gerüche. Lassen Sie zu diesen inneren Wahrnehmungen Bilder entstehen, Strukturen, Rhythmen, Formen, Bewegungen, Klänge. Nehmen Sie sich genügend Zeit für diese „innere Reise". Zeichnen Sie danach mit geschlossenen Augen, beidhändig, so daß Erlebtes und Gespürtes in Bewegung münden kann. Der Körper erinnert sich – Bewegungen werden angeregt und hinterlassen Spuren. So entstehen Zeichnungen ohne Kontrolle der Augen als subjektives Körperbild – Leichtes, Schweres, Warmes, Schmerzendes, Hartes, Weiches, Zartes, Rohes.

Diese Zeichnung spiegelt Ihr sinnliches Empfinden und Erleben und steht im Gegensatz zum Analysieren (Auseinandernehmen) und Wissen. Erlebtes, Ihre Erfahrung wird sichtbar gemacht. Sowohl Gespürtes, Gefühltes als auch Gedachtes und Erinnertes bilden ein Ganzes.

Konzentrieren Sie sich beim Zeichnen ganz auf das Erleben im Tun. Zeichnen Sie keine Symbole oder illustrativen Elemente, dies sind Gedankenbilder. Jede spezifische Empfindung mündet in eine spezifische Bewegung, hinterläßt eine spezifische Spur. Zeichnen Sie liegend, sitzend, gehend, tanzend, stehend, kriechend, fließend, überlagernd, schlagend, streichelnd, wild, zärtlich, kalt, warm, gespannt, gelöst, schnell, langsam, heftig, ruhig. Zeichnen ist hier das Spiel, sich selbst wahrzunehmen und diese Wahrnehmungen sichtbar zu machen.

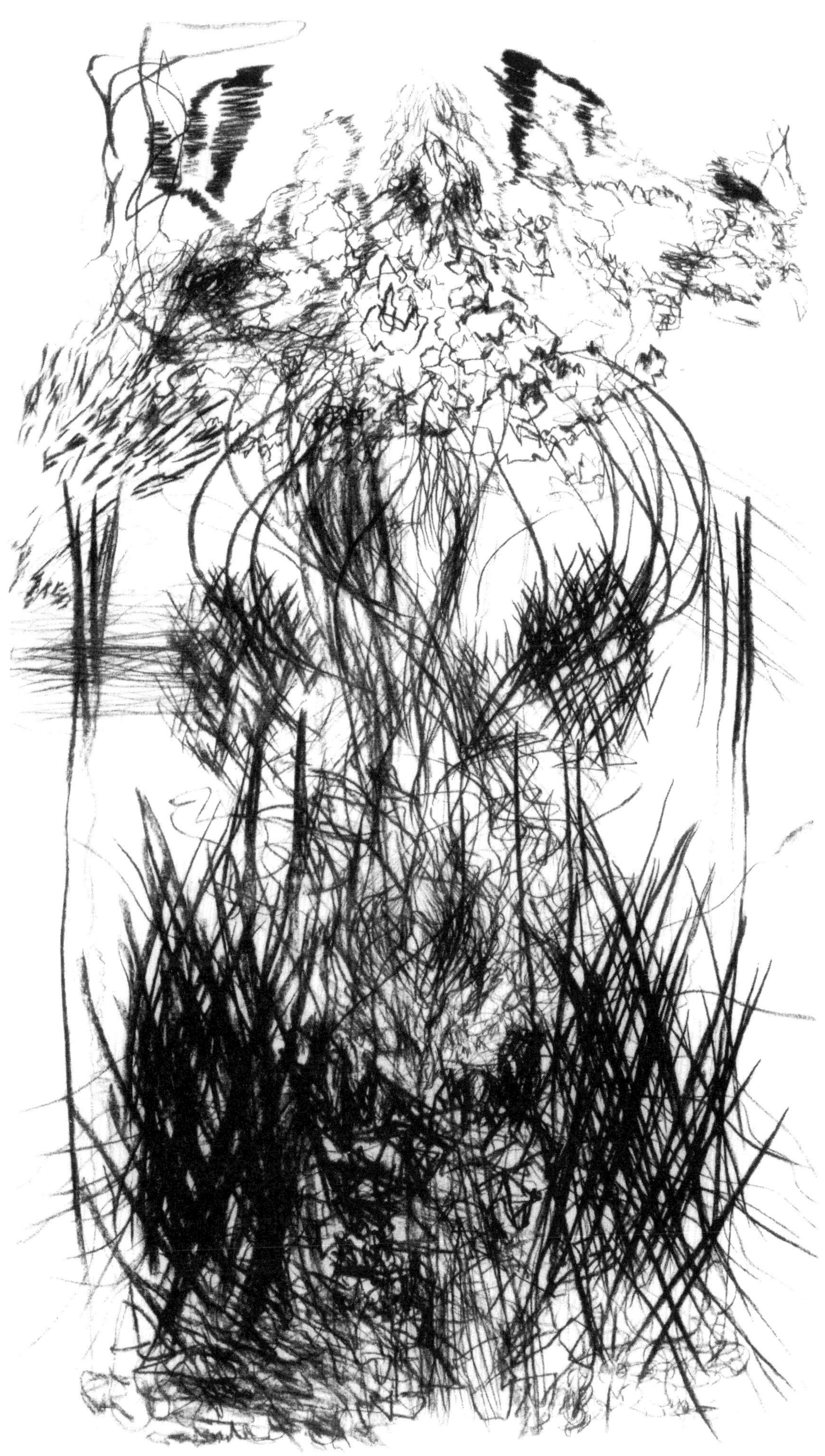

Spuren aus Spüren. Körpergefühle „blind" und beidhändig in Bewegung umgesetzt.

Betrachten Sie dann Ihre Zeichnung. Lassen Sie sich Zeit, die Spuren in Beziehung zum Erlebten zu sehen, und ziehen Sie Erkenntnisse daraus. Was sagt Ihnen das Gezeichnete, erkennen Sie neue, bis anhin unbekannte Aspekte Ihres Wesens? Wie erleben Sie dieses intuitive Zeichnen? Welche Gedanken tauchen auf, gibt es Widerstände, Blockierungen, Wertungen? Beobachten Sie sich selbst. Versuchen Sie nicht, diese Bilder als unmittelbare Sprache des Körpers, einseitig vom Gedanklichen her zu werten.

Ergänzen Sie sehend-zeichnend dieses subjektive Körperbild, indem Sie darauf reagieren, es durch Hervorheben erweitern, verdichten, präzisieren, überlagern ... Beachten Sie die vielfältige Ausdrucksqualität Ihrer gezeichneten Spuren, und lassen Sie sich von diesen führen. Sie werden zum Motiv, das Ihr Gestalten weitertreibt. Widmen Sie der Sorgfalt im Tun Ihre gesamte Aufmerksamkeit, um nicht durch mechanische Zeichenbewegungen die Differenziertheit der Linien zu zerstören. Erleben Sie den Reichtum der Formen und Linien, und lassen Sie Ihre Phantasie davon anregen. Zeichnen Sie beidhändig, spielerisch, einfühlsam und frei. Versuchen Sie später auch, die eigene Körpersilhouette in diese Spuren aus Gespürtem zu integrieren. Befestigen Sie dann diese körpergroßen Bilder an der Wand, und bitten Sie jemanden, Ihren Körperumriß einzuzeichnen. Ergänzen Sie die Zeichnung, indem Sie auf die bestehenden Spuren eingehen und diese mit der Form Ihres Körpers in Beziehung bringen. Zeichnen Sie aufmerksam, um den Spuren aus Spüren nicht alte, bekannte Bildvorstellungen aufzusetzen. Erleben Sie die Möglichkeit, Inneres mit Äußerem zu verbinden. Sprechen Sie über Ihre Zeichnungen, machen Sie Notizen, halten Sie Ihre Erfahrungen fest. Ergänzen und erweitern Sie diese Übung aufgrund Ihrer eigenen Erfahrungen. Suchen Sie sich geeignete Werkzeuge zum Zeichnen, solche, die Ihren Bedürfnissen entsprechen.

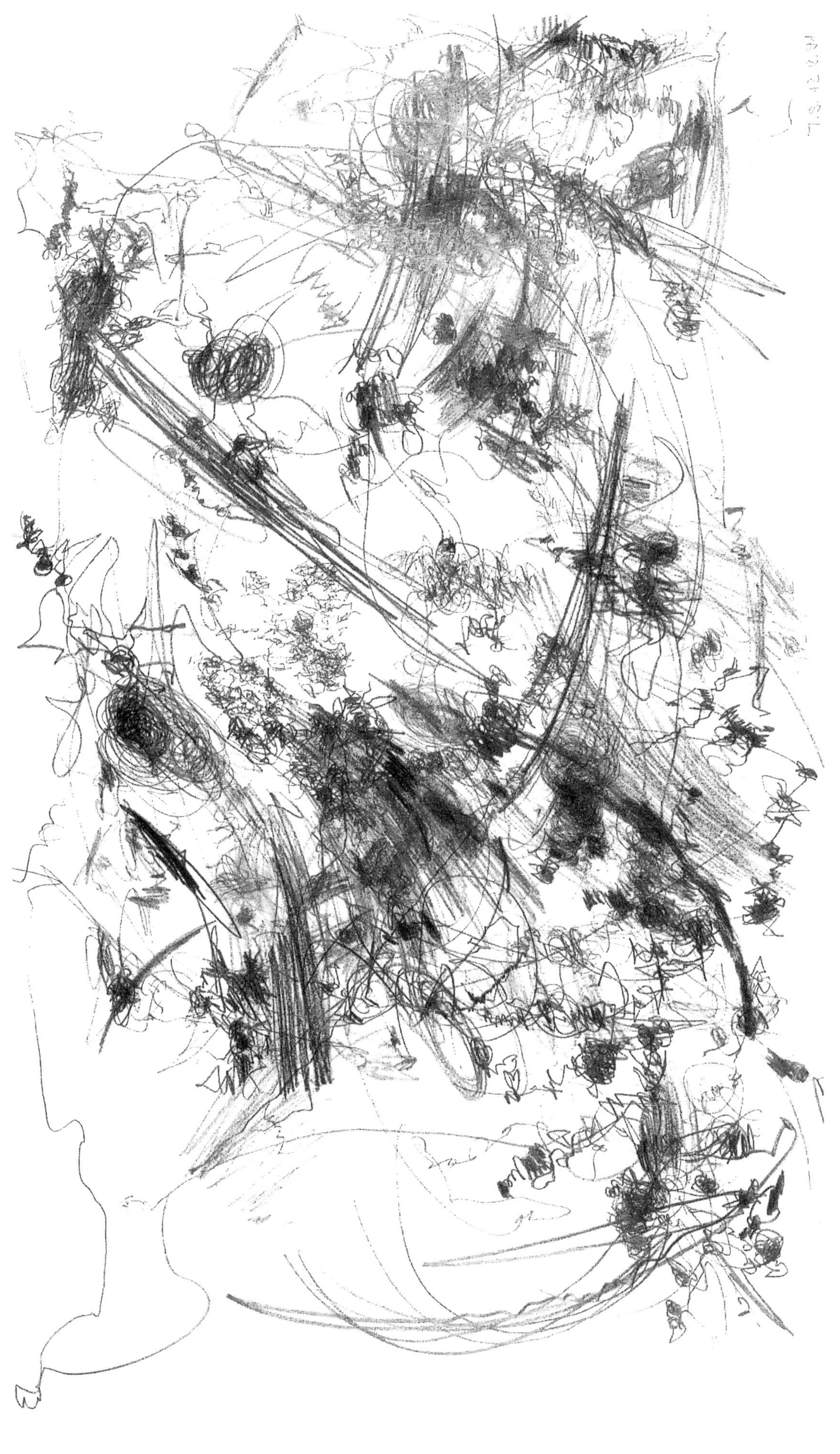

IMAGINATION – INTUITION – DAS SPIEL MIT INNEREN BILDERN

Imagination ist die Fähigkeit, innere Bilder zu entwickeln. Durch eine vorbereitende Entspannungsübung stellen wir Kontakt zu unserem Innen her. So innehaltend wechseln wir die Ebene der Wahrnehmung, um in unsere Tiefe zu sehen.

Lassen Sie sich von den folgenden Übungen zu inneren Bildern anregen, und tauchen Sie ohne Willensanstrengung in die Welt Ihrer Visionen ein! Diese Bilder sind immer richtig, da sie aus Ihrem eigenen Wesen stammen. Erleben Sie sie als Schatz und als Ausdruck Ihrer Lebenserfahrung. Nehmen Sie sie als Quelle und Antrieb zum Gestalten. Beteiligen Sie sich an diesem inneren Geschehen mit allen Sinnen, wie Sehen, Schmecken, Hören, Tasten. Beobachten Sie das Bild als Ganzes, aber auch Einzelheiten, Stimmungen, Farben. Zeichnen Sie sowohl mit geschlossenen Augen als auch sehend, ohne Vorstellungen, wie Ihr Bild sein sollte. Konzentrieren Sie alle Aufmerksamkeit auf dieses vom Erleben bestimmte Tun. Versuchen Sie, während des Zeichnens ganz dabei zu sein und nicht die Beweggründe erfassen zu wollen. Machen Sie hier die Entdeckung Ihrer selbst zur wichtigsten Aufgabe.

BEGRIFFE ZEICHNEN

Übung 5

Legen Sie verschiedene A3- oder größere Formate bereit. Benützen Sie Papierreste, Kreide, Kohle, Graphitstift und Pinsel. Entdecken Sie auch Möglichkeiten unüblicher Instrumente, wie z.B. Schwämme, Schnüre, Naturgegenstände, Federn etc.
Wählen Sie verschiedene Begriffe wie Freude, Wut, Ruhe, Kraft, Angst, Schrecken, Fremd, Warm, Kalt – Begriffe für verschiedene Empfindungen und Gemütszustände. Schließen Sie die Augen, konzentrieren Sie sich auf einen dieser Begriffe, und lassen Sie dazu Erinnerungen, Empfindungen, innere Bilder auftauchen. Nehmen Sie sich Zeit, um Strukturen, Bewegungen, Formen, Farben zu sehen, und lassen Sie auch andere Sinneseindrücke zu.

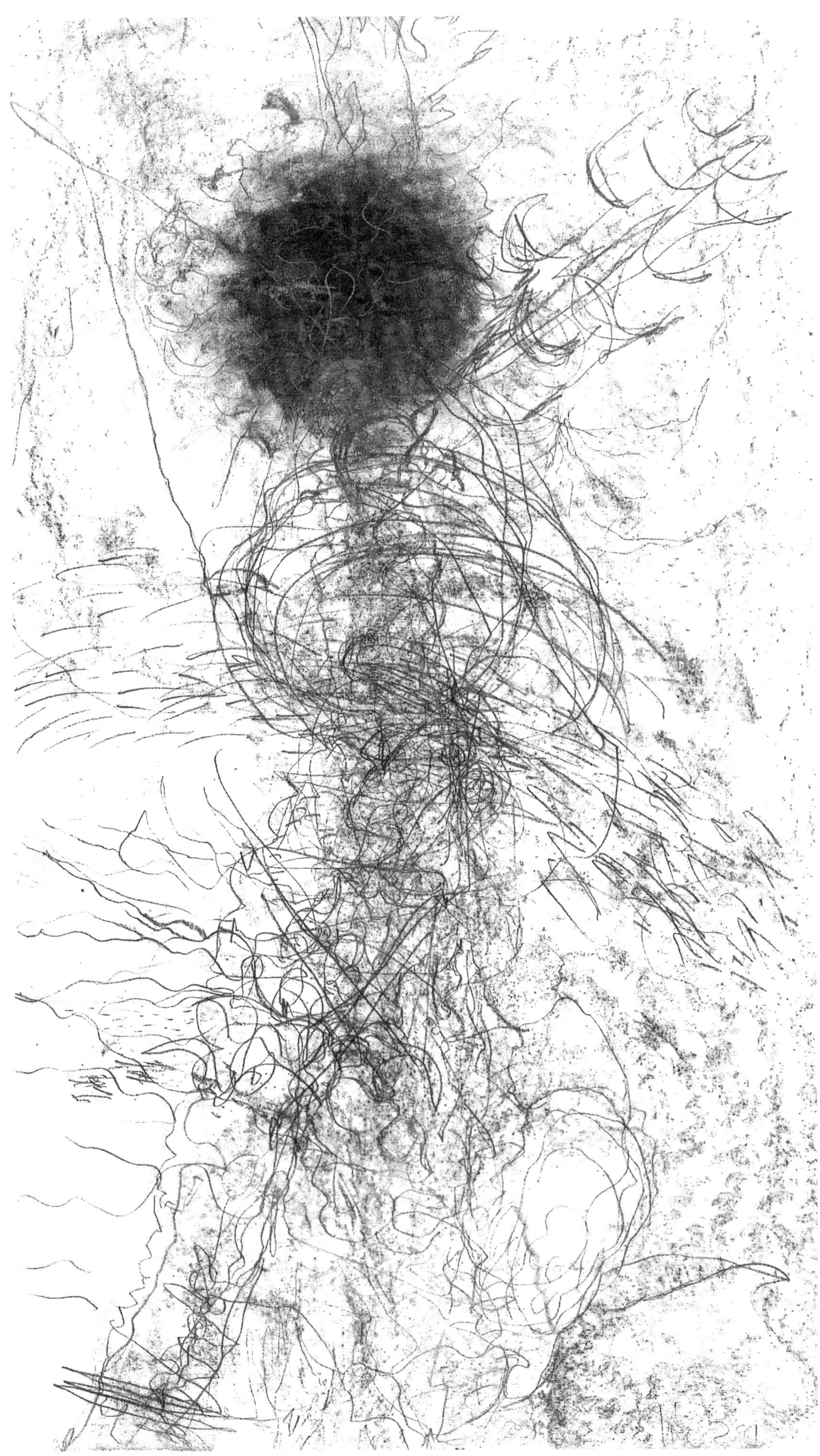

Beidhändig zeichnen aus der Erinnerung des Körpers, ohne Kontrolle der Augen.

Zeichnen Sie nach dieser Erfahrung beidhändig mit geschlossenen Augen. Lassen Sie Ihren Körper erinnernd zeichnen, aus der Balance von Wahrnehmen, Fühlen und Erinnern. Achten Sie darauf, nicht einer Mechanik des Tuns zu verfallen. Verwenden Sie keine bekannten Bilder und Symbole. Die Zeichnung gestaltet sich direkt aus dem inneren Erleben heraus.

Wenn Sie Ihre Zeichnung betrachten, versuchen Sie diese als bildhaften Ausdruck Ihres Erlebens zu sehen. Was spricht Sie am meisten an? Entdecken Sie in Ihrer Zeichnung Orte des Interesses. Was teilt Sie Ihnen mit? Was sehen andere darin? Beachten Sie, daß Zeichnungen immer Bilder sind und nicht Sie selbst.

AN DEN KREISLÄUFEN DER NATUR TEILNEHMEN

Übung 6

Befestigen Sie großformatiges Papier am Boden oder an der Wand, und legen Sie z.B. weiche, dicke und feine Kohlestücke bereit. Besuchen Sie in Ihrer Umgebung einen Baum. Betrachten Sie ihn, den Stamm, die Rinde, die Blätter, das Licht ... Nehmen Sie mit Ihrem Körper eine Beziehung auf durch Sehen, Berühren, Riechen, Hören, Spüren. Erleben Sie den Baum mit allen Sinnen. Gehen Sie darum herum. Hören Sie den Wind in den Blättern, die Vögel im Geäst.

Fühlen Sie am eigenen Körper das Baumhafte, die Wurzeln, den Stamm, die Äste, die Blätter, und nehmen Sie teil an den inneren Kreisläufen, an seiner Natur, am Austausch von Licht und Wasser. Dieses Erleben hat nichts mit Wissen zu tun, sondern mit direkter sinnlicher Erfahrung. Stellen Sie so auch eine Beziehung zum Unsichtbaren her, was nur durch Fühlen möglich ist. Erleben Sie das Wesen des Baumes, die innere Energie. Nehmen Sie Beziehung auf zu den Elementen, Erde, Wasser, Licht, Luft. Schließen Sie die Augen und lassen Sie den Baum aus inneren Bildern entstehen.
Zeichnen Sie danach mit geschlossenen Augen beidhändig aus diesem Erinnern. Lassen Sie das Baumhafte entstehen, wachsen, sich entfalten. Zeichnen Sie, bis sich Ihre Erinnerungen erschöpfen, aber nehmen Sie sich genügend Zeit, um das Erlebte in Bewegungen und Spuren zu übersetzen. So schreibt sich das Wesen eines Baumes durch Ihren spürend-wahrnehmend-erinnernden Körper selbst.

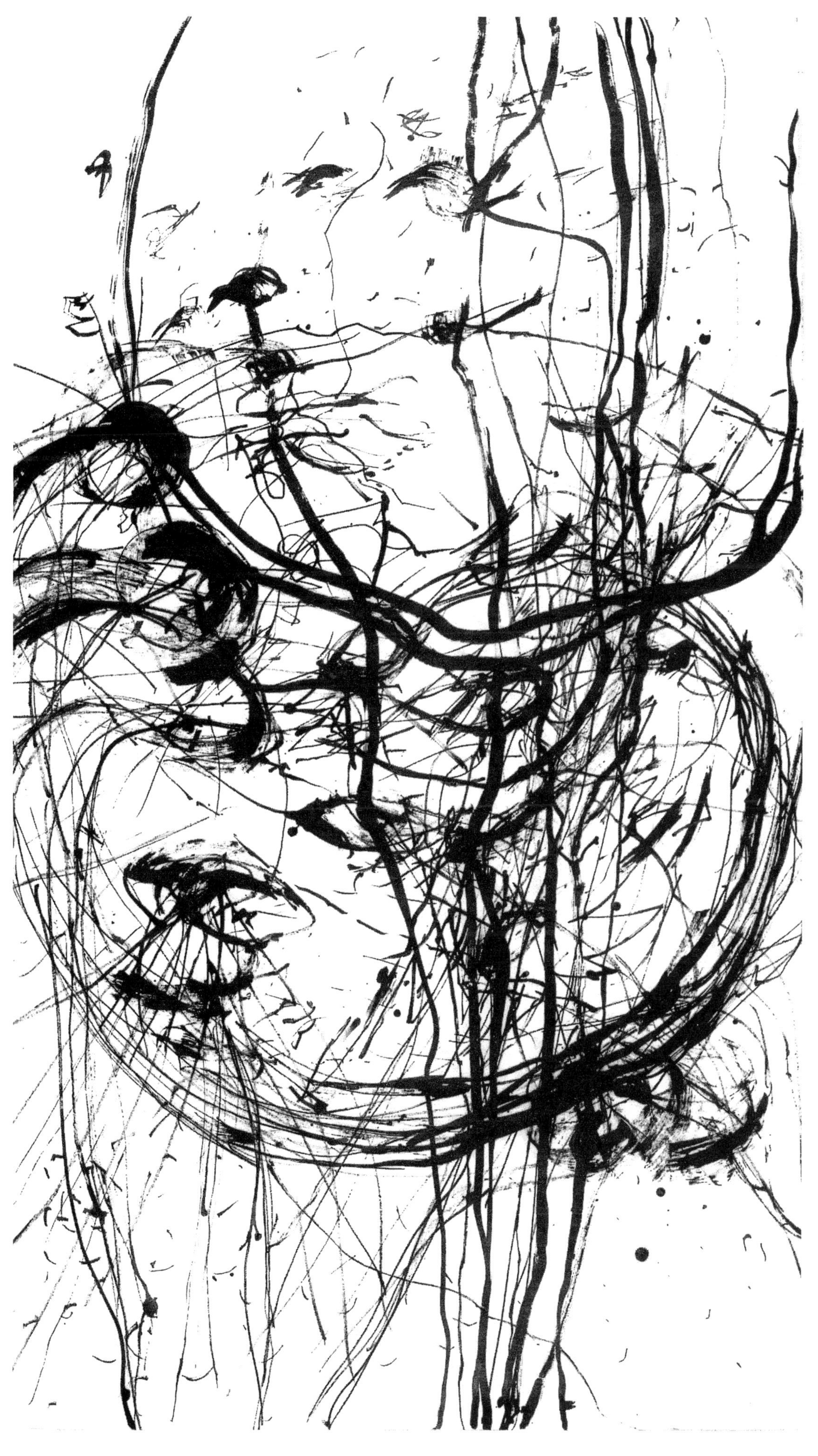

Lassen Sie Platz für Unvorhergesehenes, Zufälliges, Unbeherrschtes. So können Sie verstehen, was Ordnung sein kann. Wenn Sie sich von den Dingen berühren lassen, ist es nicht mehr nötig, diesen Ihre Ordnung aufzusetzen. Beim Zeichnen mit geschlossenen Augen erkennen wir die Einschränkungen, die vom Wissen herrühren. Erlebtes und Erfahrenes führt uns hier zur Bewegung und zur authentischen Spur.
Betrachten Sie Ihre Zeichnung. Erleben Sie die Beziehung von Gesehenem, Gespürtem und Dargestelltem. Dem entsinnlichten Handeln und Denken können so Möglichkeiten zum Erleben gegenübergestellt werden. Lernen bedeutet hier, sich seiner menschlichen Möglichkeiten durch Erfahren und Fühlen bewußt zu werden. Wahrnehmen bedeutet nicht Information aufnehmen, sondern mit unserem ganzen Leib beteiligt sein. So entwickelt sich nicht nur die Ausdrucks- und Darstellungsfähigkeit, sondern auch ein sensibles Bewußtsein gegenüber der Natur. Zeichnen muß mehr sein als ein Mittel zur Nachahmung. Es ist auch ein Instrument zur Förderung von Teilnahme, Erfahrung, Einfühlungsvermögen und Bewußtheit.

DIE KRAFT DER SINNE

Aufmerksamkeit fördert die Wachheit unserer Sinne. Zeichnen ist eine Möglichkeit, sich mit allen Sinnen zur alltäglichen Lebenswelt in

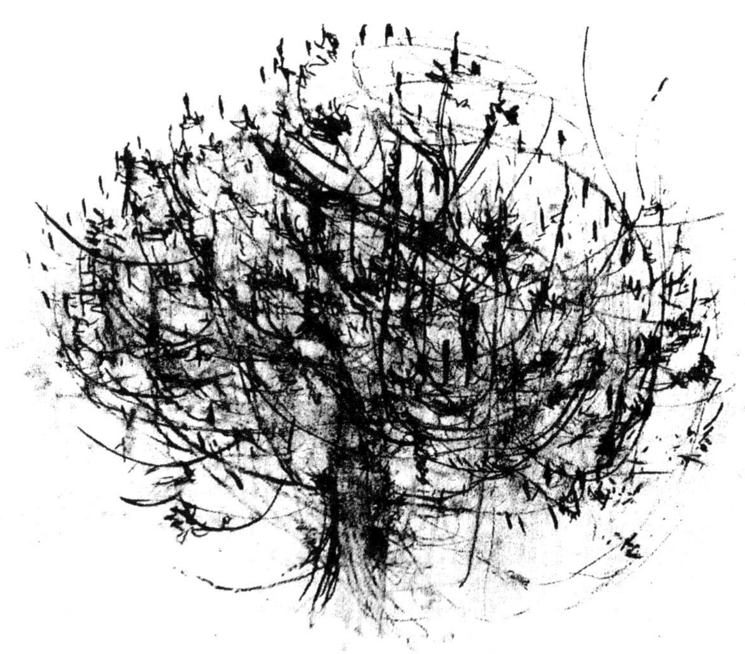

„Blind" zeichnen aus dem Erleben mit allen Sinnen.

Beziehung zu setzen. Wir gehen dabei von einer unverstellten Wahr-Nehmung aus. Begriffliches Erkennen und sinnliches Erleben schaffen zusammen ein Ganzes und tragen gemeinsam zum Verstehen bei. Die Erweiterung des Wissens durch Wahrnehmen und Erfahren bereichert unser Erleben, fördert Phantasie und damit die Fähigkeit, eigene Lebensmodelle zu entwickeln. Zeichnen kann zu einer konzentrierten Beschäftigung mit sich selbst, seiner Umgebung und der eigenen Lebenswirklichkeit anregen, in der Balance von sinnlich-spielerischem Erleben und bewußt-gestalterischem Verarbeiten.

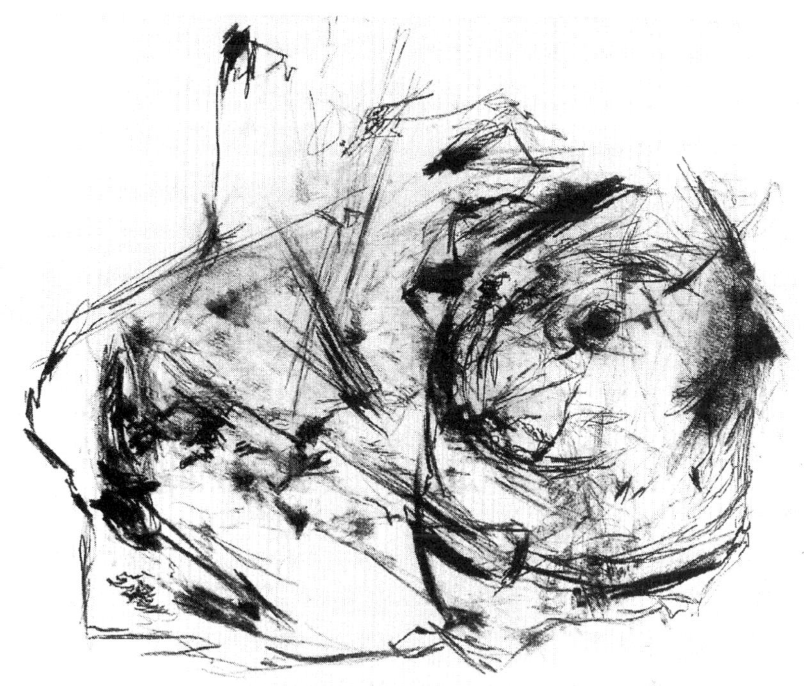

Spuren aus Sehen, Tasten und Erinnern.

Übung 7

Nach dieser sinnlichen Naturannäherung erkunden wir hier einen technischen Gegenstand aus unserer Alltagswelt. Dies kann die Beziehung fördern und bewußt machen für unsere Lebenswirklichkeit. Auch hier beabsichtigen wir, den zusehend-zuhörend-verstehenden und bewegten Blick zu fördern. Gehen Sie mit Ihren Sinnesmöglichkeiten auf technische Dinge ein, und versuchen Sie, auch diese am eigenen Körper zu spüren. Tasten Sie mit den Händen Gegenstände ab, und erleben Sie so die Vielfalt der Formen. Zeichnen Sie danach mit geschlossenen Augen das, was Ihre tastenden Hände gespürt und wahrgenommen haben.
Auch hier entsteht die Zeichnung ausschließlich aus dem Erleben, als Bewegungsspur aus Spüren, Erinnern und Assoziieren.

Betrachten Sie die beiden Zeichnungen aus Übung 6 und 7, und teilen Sie sich Ihre Erfahrungen mit. Wie drückt sich im Bild Ihr Erleben, Ihre Wahrnehmung aus? Wie artikulieren sich Ihre Wünsche, Ihre Empfindungen? Zeichnen – Sehen mit dem ganzen Körper, macht Unsichtbares sichtbar, schafft Verbindungen, fügt Gegensätzliches in gestalterischer Form zusammen. Es lenkt den Blick auf uns selbst und auf das Alltägliche, schafft Beziehungen zur Natur, zur Umwelt, zur Gesellschaft, zur Geschichte, zu anderen Menschen und beeinflußt unser Handeln. Die Differenzierung der Wahrnehmung von uns selbst verändert unsere Beziehung zu den Dingen, unsere Urteilsfähigkeit, und intensiviert sowohl Anschauung als auch kritisches Bewußtsein.

SICH SPIEGELN

In dieser Imaginationsübung versuchen wir unseren Körper als Spiegel zu erleben. Er reflektiert Dinge, verändert sich aber nicht dabei. Das im Inneren Gespiegelte wird durch Bewegung sichtbar – Gesten, Spuren, Linien. Zeichnen ist hier die Auseinandersetzung mit dem inneren Bild, dem Blick nach innen.

Übung 8

Wir beabsichtigen, von uns selbst mit geschlossenen Augen ein körpergroßes Spiegelbild zu zeichnen. Befestigen Sie ein entsprechendes Papier an der Wand oder am Boden, und bereiten Sie für beide Hände Kohlestifte vor.
Legen oder setzen Sie sich bequem und entspannt hin, schließen Sie die Augen. Nehmen Sie Beziehung zu Ihrem Körper und zur Atmung auf. Achten Sie auf Ihre Empfindungen. Stellen Sie sich dann vor, sich selbst in einem Spiegel zu sehen. Langsam taucht Ihr Spiegelbild aus dem Dunkel auf. Beachten Sie dieses innere Bild. Wie sehen Sie aus? Entspricht das Bild Ihrem Äußeren? Spiegelt sich Bekanntes, Fremdes, Unbekanntes? Beobachten Sie, was Ihnen Ihr Spiegelbild erzählt, und nehmen Sie auch möglichst viele Einzelheiten wahr. Zeichnen Sie danach mit geschlossenen Augen, beidhändig. Stellen Sie sich vor, mit den Zeichenstiften Ihr Spiegelbild zu berühren, als würden Sie es abtasten. So wird das Papier zur Spiegelfläche, der Gebrauch des Stiftes zur tastend-berührenden Hand. Zeichnen Sie so dieses innere

Spiegelbild, und lassen Sie alle Wahrnehmungen in die Zeichnung einfließen. Zeichnen Sie, bis Sie dieses Spiegelbild vollständig „abgetastet" haben. Wenn Sie danach die Augen öffnen und Ihre Zeichnung betrachten, lassen Sie sich überraschen. Es ist nicht nötig, sie auf Anhieb erklären zu wollen. Seien Sie neugierig auf das, was sich Ihnen mitteilt. Zeichnungen, die „blind" aus dem Spüren entstanden sind, sind wie seltsame Pflanzen, Lebewesen, die man nicht leicht verstehen, aber bewundernd bestaunen kann. Ergänzen Sie dann diese Zeichnung, indem Sie die Spuren verdichten, präzisieren, verstärken, herausheben oder abschwächen. Stellen Sie so das Gefühlte in eine Beziehung zum Sehen und lassen Sie Ihre Phantasie anregen.

UNWOHLSEIN AUSLEEREN

Übung 9

Wir versuchen hier eine besondere Bestandesaufnahme unseres Körpers zu machen, indem wir uns auf die Stellen von Unwohlsein konzentrieren. Legen Sie sich hin, und schließen Sie die Augen. Wie fühlen sich Ihre Füße an? Sind sie müde, entspannt? Wandern Sie durch Ihre Füße, Unterschenkel, Knie, die Oberschenkel, das Gesäß, die Magengegend, und achten Sie auf Verspannungen und Unwohlsein. Richten Sie Ihre Aufmerksamkeit nun auf den Rücken, auf die Schultern. Konzentrieren Sie sich auf die Arme, Hände, Finger und auf jene Stellen, wo Sie Spannungen verspüren. Richten Sie die Aufmerksamkeit auf den Hals, auf den Nacken, den Kiefer, auf Gefühle wie Wut, Blockierung, Schmerz, Frustration, und verweilen Sie überall dort, wo Sie Unwohlsein verspüren. Wie fühlt es sich an? Kantig, hart, einengend, stechend, schmerzend?
Lassen Sie daraus in Ihrem Inneren Strukturen, Formen, Farben, Geräusche entstehen.

Zeichnen Sie danach mit geschlossenen Augen und beidhändig. Betrachten Sie die Zeichnung als ein Gefäß, in das Sie Spannungen und Unwohlsein ausleeren können. Jedes Körpergefühl, jeder Schmerz, jeder Gedanke, jede Erinnerung, jede Assoziation führt zur Bewegung, wird Zeichenspur und schafft in Ihrem Körper Raum zur Verwandlung.

SICH SELBST LESEN MIT DEN AUGEN EINES KINDES
SPIELRÄUME UND FREIRÄUME

„Blind" werden, die Augen schließen, nach innen sehen bedeutet, den Blick wegzunehmen von der alltagsfixierten Wahrnehmung, die wie eine Kruste über einem Vulkan liegt. Es bedeutet, Vorstellungen, Ideen und Wissen aufzugeben zugunsten von Erleben und Erfahren. So lesen Sie sich selbst wie ein Kind, nicht wie ein Erwachsener, der sich mit Ideen und Vorstellungen überwacht. Je mehr Sie sich beim Zeichnen von Erwartungen, Gewohnheiten und Vorstellungen lösen, desto mehr kann sich Vertrauen entwickeln. Überlassen Sie sich Ihrem inneren Kind, und werden Sie offen für das Unbekannte. Schöpferische Energie ist frei von unserem rationalen Denken. Sie ist der Ausdruck unserer Fähigkeit zu erleben und zu staunen. Schaffen Sie sich beim Zeichnen ein Spielfeld zu Ihrer eigenen Freude. Es ist nicht nötig zu wissen, wohin die Zeichnung Sie führt. Zeichnen heißt hier, mit den Möglichkeiten des Körpers zu spielen, mit Linien und Formen, mit Widerständen und Gegensätzen, mit Ängsten und Freuden. Oft tauchen beim Zeichnen Unsicherheiten, Frustrationen, ja sogar Aggressionen auf. Nehmen Sie diese wahr und beobachten Sie sie. Aber lassen Sie das Störende nicht Übermacht gewinnen, die Sie vom Erleben ablenkt. Beginnen Sie, die Kraft von Störendem umzulenken in etwas Neues, etwas Kostbares, wie eine Muschel, die ein Sandkorn in den eigenen Organismus aufnimmt und in eine Perle verwandelt. Versuchen Sie negativen Erfahrungen nicht jene Übermacht zu geben, die Sie von Ihrer Entwicklung ablenken kann. Entdecken Sie Möglichkeiten aus Schwierigkeiten.
Es ist wichtig, mit diesen Widerständen sehr sorgfältig umzugehen, sie ernst zu nehmen und nichts zu strapazieren, da sonst die Abwehr verstärkt und die Bereitschaft zum Experiment und zur eigenen Erfahrung eher verhindert als gefördert wird. Speziell Lehrende sollten hier sehr aufmerksam sein. Unterstützen Sie, machen Sie Mut, betonen Sie immer wieder den spielerischen Charakter der Übungen. Schüler brauchen Ideen nicht zu übernehmen, ihr Interesse wird wach durch ein interessantes Angebot.

Im Spiel können wir uns frei machen von Selbsteinschränkungen und unser Feld von Erfahrungen erweitern. Es eröffnet uns unser Selbst in unvorhergesehener Weise, so daß wir es neu erleben können. Spielen heißt hüpfen anstatt zu gehen, Umwege machen anstatt Ziele anzustreben, Risiken eingehen, Freude am Experiment. Spiel ist ohne Warum. Es kommt vom „inneren" Wissen. Spielen ist auch

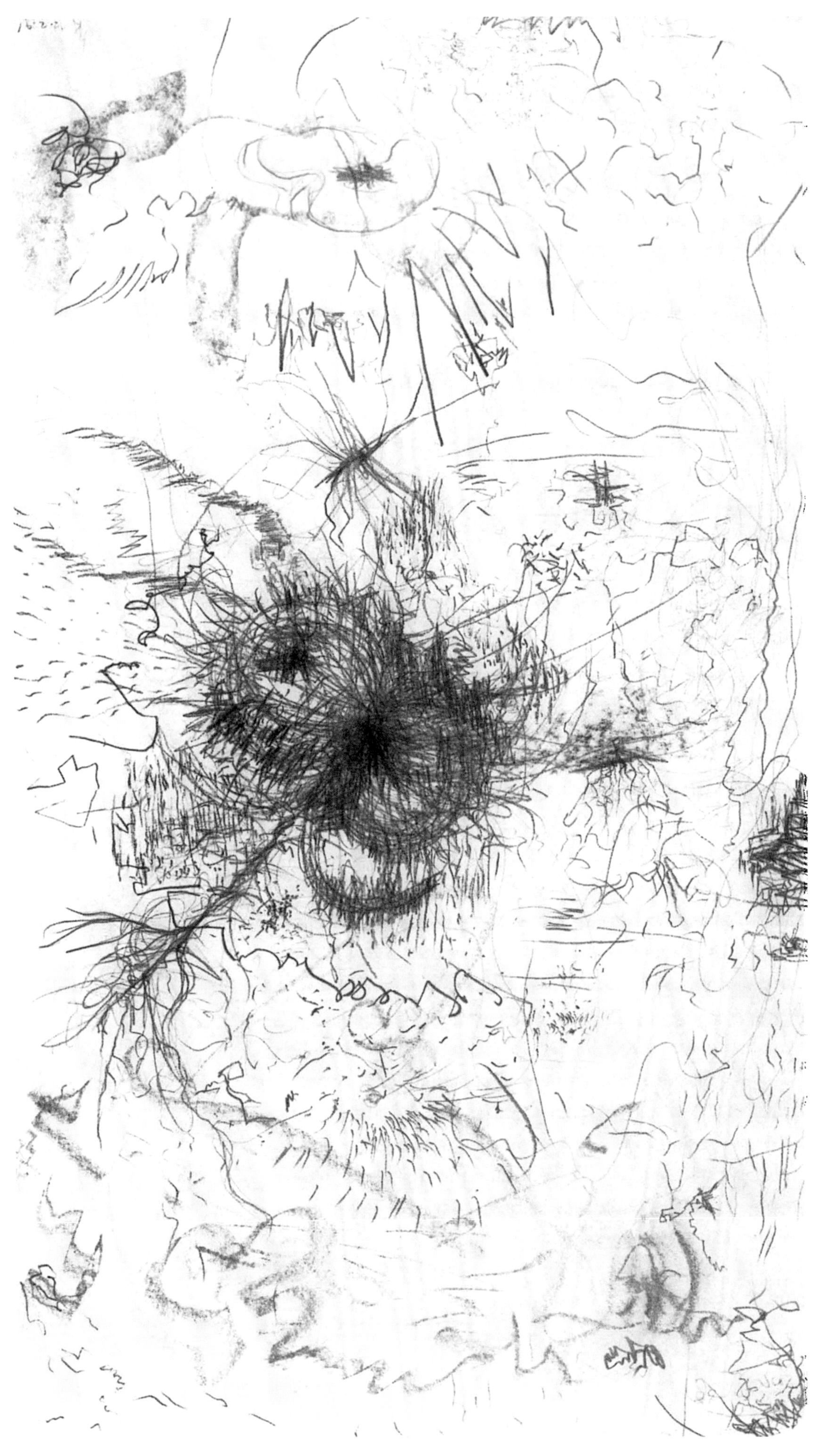

Improvisation, Narr sein, Zauberer ... ist Selbstentdeckung, Intuition, Liebe, Teilname, Freude am Tun.
Ästhetische Arbeit ist die Auseinandersetzung mit sich selbst und seiner Lebenswelt. Besonders heute fühlen wir uns oft bedroht von zunehmender Gewalt und Naturzerstörung. Diese Destruktivität prägt unsere Erfahrung und erschwert den intuitiven Umgang mit der Alltagsrealität. Es ist deshalb um so wichtiger, das Vertrauen in die eigene Kreativität zu fördern. So wie durch Aufmerksamkeit Bewußtheit wächst, so soll durch Spielen der Mut entwickelt werden, sich mit existentiellen Fragen zu beschäftigen und darauf gestalterisch zu reagieren. Spielen heißt experimentieren, offen zu werden für Unvorhergesehenes, mit Zufällen umzugehen – unkonventionelle Wege einzuschlagen. Spielräume schaffen Freiräume, wecken Phantasie.

ZEICHNEN AUS DER KRAFT DER ERINNERUNG

Übung 10

Legen Sie ein A2-großes Papier bereit, Kohle, Graphitstifte, Fettstifte, Pinsel, Tusche etc.

Bereiten Sie sich mit einer Entspannungsübung vor. Versuchen Sie sich mit geschlossenen Augen an ein intensives Naturerlebnis in Ihrer Kindheit zu erinnern. Lassen Sie sich Zeit, im Inneren dieses nachhaltige Ereignis nachzuerleben. Fühlen Sie sich mit allen Sinnen am Ort des Geschehens. Nehmen Sie teil, erleben und beobachten Sie, und versuchen Sie im Innern, die Geräusche, Stimmungen, Gerüche, Gefühle, die Sonne, den Wind, das Wasser ... wahrzunehmen. Lassen Sie sich genügend Zeit, dieses Erlebnis mit dem ganzen Körper zu spüren, verweilen Sie darin und lassen Sie Körperbewegungen zu.
Zeichnen Sie danach „blind“ aus diesem erinnerten Erlebnis, ohne Verwendung von Symbolen. Lassen Sie das Erlebte und Gefühlte, den erinnernden Körper in Bewegung münden – Spuren, Zeichen, Bilder entstehen.

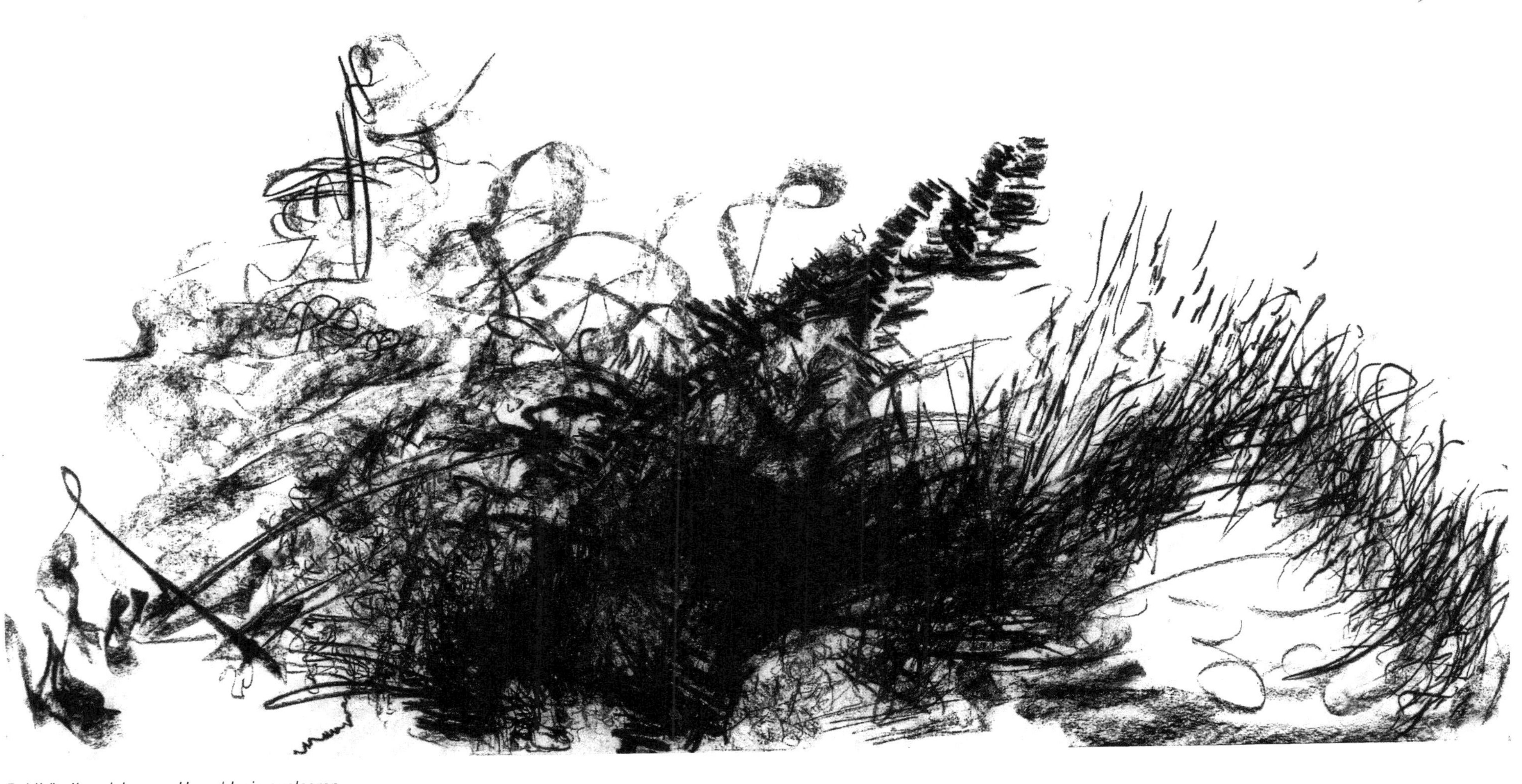

Beidhändig zeichnen – Unwohlsein ausleeren.

Nehmen Sie beim Zeichnen keine starre Position ein, um frei zu sein für das, was kommt. So wird es möglich, die Vielfalt des eigenen Raumes wahrzunehmen, den man für sich selbst fühlt, erinnert, erschafft.

LIEBE ZU EINER SACHE

Es geht beim Zeichnen darum zu lernen, die Dinge so zu sehen, wie sie sind. Diese unverstellte Wahrnehmung setzt Stille voraus. Die Stille löst den Raster gedanklicher Ich-Fixiertheit und öffnet Raum für eine offene und bezogene Erfahrung. Es braucht Mut, etwas so zu sehen, als hätten wir es nie gesehen, eigene Erfahrungen zuzulassen und zu formulieren. Erst wenn wir still geworden sind, können wir beginnen zu sehen.

Zeichnen kann Erfahrung im Umgang mit Spüren fördern und das Vertrauen in unvoreingenommene Wahrnehmung unterstützen. Dies ist ein langer Weg. Er setzt viel Geduld und Bereitschaft zum Experimentieren und Üben voraus. Aber es ist ein ehrlicher Weg, wenn es uns gelingt, mit unserer ganzen Lebendigkeit und Aufmerksamkeit dabeizusein.

Übung 11

Gehen Sie hier wieder von einer Entspannungsübung aus. Schreiben Sie sich eine Liste von Gegenständen, die für Sie eine wichtige Bedeutung haben – Symbole für Gefühltes: eine Kugel, ein Gefäß, eine Pflanze ... Zeichnen Sie diese Gegenstände blind mit dem ganzen Körper aus der Kraft des Spürens. Benutzen Sie dazu Kohle, Fettstifte, dicke Zeichenstifte oder Pinsel. Wählen Sie für diese Übung große Papierformate.
Schließen Sie die Augen, und betrachten Sie in Ihrem inneren Bild einen Gegenstand. Berühren oder halten Sie ihn in der Vorstellung mit den Händen, und nehmen Sie Form, Oberfläche, Material, Gewicht, Geruch, Klang, Kälte, Wärme ... wahr. Spüren Sie das Wesen des Gegenstandes, und betasten Sie ihn. Spüren Sie mit dem gesamten Körper z.B. das Gefäßhafte, das Schneidende, das Offene, das Geschlossene, das Schalenhafte. Erleben Sie im Inneren Ihre Beziehung zum Gegenstand und nehmen Sie Ihre Gefühle wahr.

Zeichnen Sie dann aus dieser inneren Erfahrung mit geschlossenen Augen beidhändig und großzügig die Erinnerung an das Erlebte, ohne zu kopieren. Zeichnen-schreiben-kribbeln Sie, so daß „Gesehenes“ und Gefühltes ineinanderfließen. Zeichnen Sie auch abstrakte Begriffe, die Sie interessieren. Durch ungewohntes Vorgehen können ungewohnte Bilder entstehen. Verfolgen Sie das, was Sie interessiert, und lassen Sie sich von Ihren Zeichnungen Neues und Unbekanntes erzählen. Zeichnen Sie auch Bilder Ihrer lebendigen Beziehung zu den Lebensgrundlagen, zum Wasser, zur Luft, zum Licht, zur Erde. Zeichnen Sie einen Bach, einen See, eine Stadt, Erde, Wolken, Steine, das Licht. Erlben Sie die Elemente im Inneren. Zeichnen Sie tanzend, kriechend, kletternd, fließend, schlagend, liebend (s. nächste Übung).

Gehen Sie bei diesen Zeichnungen immer von Ihren eigenen inneren Bildern und körperlichen Erfahrungen aus.

DIE VIELFALT VON WASSER

Wasser ist ein Symbol für Wandel, Bewegung, Fließen. Zeichnen heißt ebenfalls, sich in Bewegung, im Fluß, im Wandel befinden. Zeichnen aus dem „blinden“, körpereigenen Vertrauen bedeutet, uns in unserer Vielfalt zu erleben und dem Verdeckten wieder Stimme zu geben, es zum Fließen zu bringen. Die Fixierung auf Sprache, die unser Fühlen und Denken dominiert, soll durch Spüren, Experimentieren und Erfahren erneuert und erweitert werden.
Die Hand setzt Gefühltes und Erfahrenes in Handlung um, überträgt es in Material, baut auf oder zerstört. Versuchen Sie, sich beim Zeichnen mit geschlossenen Augen der Beziehung von Hand und Handlung bewußt zu werden. Erleben Sie die vielfältigen Möglichkeiten Ihrer Hände, und lernen Sie Ihr Denken und Spüren, Ihre Erlebnisfähigkeit als Grundlage Ihres Handelns kennen und schätzen.

Wasser kann Schnee, Eis, warm, fließend, sanft, wild, gewaltig, tropfend, Dampf, Regen, Meer, Wolke ... sein. Versuchen Sie, Wasser in Ihrer Vorstellung zu erleben. Aus der Schärfung unserer Sinne für die Vielfalt der natürlichen Lebensgrundlagen stellen sich ökologische Fragen von selbst.

Übung 12

Benützen Sie für diese Übung Kohlestifte oder auch Wasserfarbe, Pinsel, verdünnte Acrylfarbe, Tusche, Aquarellfarbe. Beginnen Sie mit einer Entspannungsübung. Stellen Sie sich vor, Ihr Ein- und Ausatmen entspreche dem Kommen und Gehen von Wellen. Erleben Sie das Gefühl von Wasser und dessen Bewegung. Spüren Sie dieses am eigenen Körper. Erleben Sie das Fließen, das Umspültwerden, den Sand, das Rauschen, Feuchtes, Kaltes und Warmes. Lassen Sie aus dieser inneren Erfahrung Bilder entstehen. Erleben Sie die vielfältigen Möglichkeiten: Feines und Kräftiges, Ruhiges und Wildes, Wellen und Strudel, Weiches und Gewaltiges, Versickerndes und Schäumendes. Lassen Sie sich Zeit zum Spüren. Zeichnen Sie dann aus dieser inneren Erfahrung „blind" und beidhändig. Lassen Sie die Zeichnung aus dem Körper, aus dem Arm, aus der Hand fließen wie Wasser, ohne willentlich ein Abbild zu produzieren. Beobachten Sie Wasser, Wellen, einen fließenden Bach, Spiegelungen. Zeichnen oder malen Sie, ohne auf das Papier zu sehen, indem Sie sich von den Bewegungen des Fließens leiten lassen. Werden Sie gestaltend Teil des Fließens.

EINEN ORT ERSCHAFFEN

Übung 13

Beginnen Sie mit einer Entspannungsübung. Lassen Sie mit geschlossenen Augen im Inneren einen Ort entstehen, einen Ort der Erholung, der Zuflucht. Dieser Ort kann in der Natur, in einem Haus, bei einem Menschen, irgendwo sein. Erleben Sie sich selbst an diesem Ort. Wie fühlen Sie sich, welche Formen, Klänge, Strukturen, Farben, Gerüche nehmen Sie wahr? Verweilen Sie und genießen Sie diesen Ort. Wie fühlt sich dieses Wohlsein an? Lassen Sie sich Zeit für dieses Erlebnis. Zeichnen Sie dann auch blind, indem Sie sich von dieser inneren Erfahrung führen lassen. Lassen Sie so zeichnend einen Ort für Ihr Wohlsein entstehen.

Ergänzen Sie danach Ihre Zeichnung sehend. Vielleicht suchen Sie sich selbst einen Platz in diesem Bild, von dem aus Sie das „blind" Gezeichnete ergänzen, verstärken, präzisieren, verdichten, konzentrieren, abschwächen, überlagern, durchdringen. Die blinden Spuren regen Ihre Phantasie an. Aus dem Spektrum des Erfühlten kann sich bewußtes

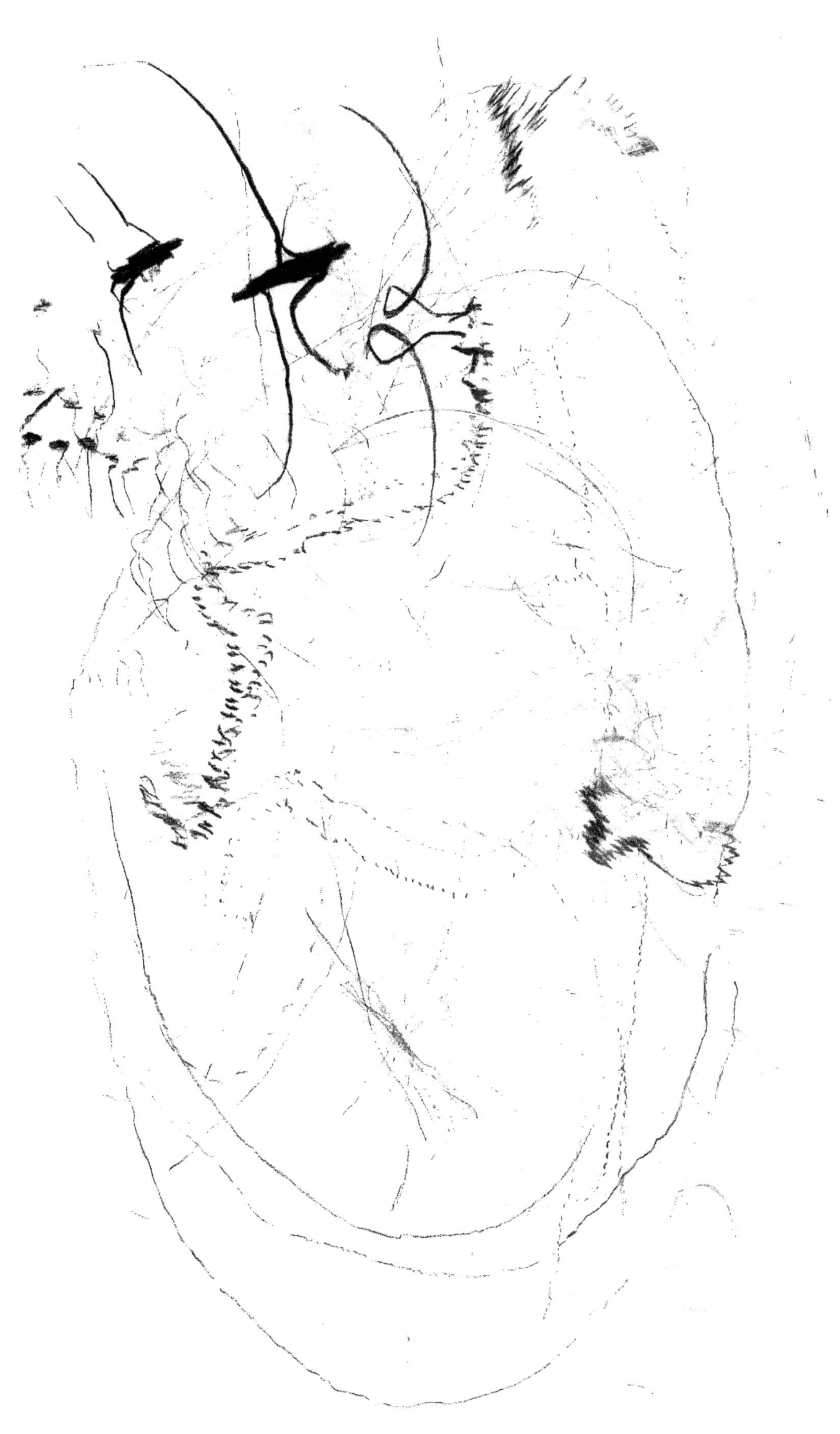

Gestalten angeregt werden. Verwenden Sie für diese beidhändigen Zeichnungen große Formate, verschiedene Materialien, Graphitstaub, Kohle, Pinsel, Ihre Hände, Tusche, Schwämme, etc.

ZEICHEN SETZEN FÜR EINEN MENSCHEN

Übung 14

Gehen Sie auch hier von einer Entspannungsübung aus, und lassen Sie „blind“ vor dem „inneren Auge“ das Bild einer Ihnen wichtigen Person entstehen. Beobachten Sie aufmerksam. Erleben Sie die Vielfalt dieses Menschen, und nehmen Sie die verschiedenen Facetten seiner Persönlichkeit wahr. Jeder Aspekt, das Aussehen, die Stimme, der Charakter mündet in eine bestimmte Struktur oder Form. Lassen Sie sich Zeit für diese imaginäre Begegnung. Zeichnen Sie dann, indem das Erlebte als Bewegungsspuren aus Ihrem Körper fließt, ohne dabei bekannte Symbole zu verwenden. Zeichnen Sie, bis sich die Erinnerung erschöpft. Wenn Sie nachher Ihre Zeichnung betrachten, versuchen Sie, Teile der Persönlichkeit zu entdecken, die Ihnen bis anhin unbekannt waren. Welche Formen erzählen neues oder enthalten Geheimnisse? Ergänzen Sie die Zeichnung sehend durch Präzisieren, Verstärken, Verdichten, Weiter-Zeichnen.

DER INNERE FREUND – DIE INNERE FREUNDIN

Übung 15

Bereiten Sie sich mit einer Entspannungsübung vor, und entwickeln Sie in Ihrer Vorstellung ein Bild, das Sie in Beziehung bringt mit Ihrem / Ihrer inneren Vertrauten. Beobachten Sie diesen imaginierten Freund / diese Freundin. Ungewohntes, Überraschendes, aber auch Ungewünschtes, Beängstigendes können zu diesem inneren Verbündeten gehören. Erleben Sie diese innere Figur, nehmen Sie die verschiedenen Aspekte und Facetten dieser Figur wahr: das Aussehen, die Stimmung, die Farben, die Gerüche, das Umfeld, das Handeln. Lassen Sie sich Zeit zu dieser Begegnung, und nehmen Sie intensiv am inneren Geschehen teil. Formen, Strukturen, Farben und Bewegungen tauchen

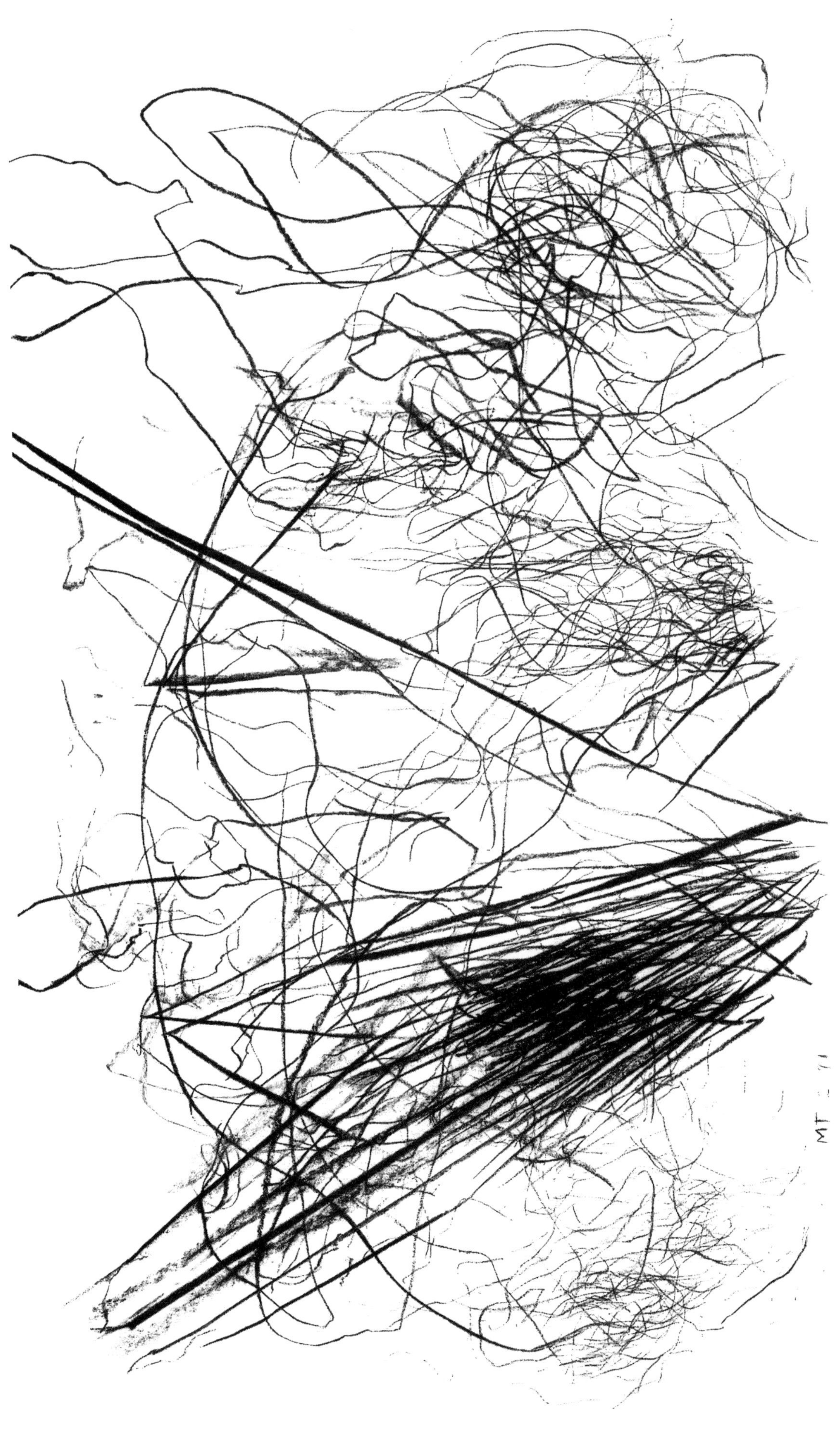

auf. Zeichnen Sie danach mit geschlossenen Augen, bis sich die Erinnerung erschöpft. Ergänzen Sie die „blinde" Zeichnung sehend, und lassen Sie sich davon zum Phantasieren anregen.

Bei dem Versuch, die innere Sphäre zu beobachten und sichtbar zu machen, können wir Vorstellungen über uns selbst und andere erweitern. Wir schaffen Raum für eine Sehweise, die unbekannte Räume unseres Inneren öffnet. Diese Kontaktnahme mit inneren Bildern beeinflußt und bereichert auch unsere Beziehungen nach außen. Die Formen aus der Imagination weichen oft vom Bekannten ab, da sie von der Gefühlsebene ausgehen. Erleben Sie die Einzigartigkeit dieser Bilder, und entdecken Sie darin neue Möglichkeiten des Ausdrucks, um so das Spektrum der bildnerischen Sprache zu ergänzen und zu erweitern. Wenn Sie Ihre Zeichnungen betrachten, beachten Sie, daß es sich dabei um Bilder handelt. Diese eröffnen Einblicke, dürfen aber nicht mit der Person selbst verwechselt werden.

BEGEGNUNG MIT LEBENDIGEM UND TAUBEM

Übung 16

Diese Übung soll uns in mehreren Begegnungen mit unserem Körper eine gewisse Zeit lang beschäftigen. Benützen Sie ein körpergroßes Papier und Kohlestifte oder Zeicheninstrumente, die Sie gern mögen. Legen Sie sich auf das Papier, und bitten Sie jemanden, sorgfältig Ihren Körperumriß zu zeichnen. Beginnen Sie mit einer Entspannungsübung. Wir beschäftigen uns in Phasen mit einzelnen Körperteilen und nehmen so Schritt für Schritt eine Beziehung zum Körper auf. Gehen Sie auf jene Körperstelle ein, die sich am intensivsten bemerkbar macht. Lassen Sie innere Bilder entstehen, Gedanken, Gefühle, Assoziationen tauchen auf. Ergänzen Sie dieses innere Sehen, indem Sie den Körperteil berühren. Konzentrieren Sie sich so jeden Tag auf ein Körperteil und beobachten Sie, was sich allein durch Ihre Aufmerksamkeit verändert. Nehmen Sie auch taube Körperstellen wahr, wo sind keine Empfindungen spürbar? Gehen Sie geduldig und unvoreingenommen auf taube Stellen ein, und versuchen Sie, diese so zu „sehen", wie sie sind. Der vorgezeichnete Körperumriß kann als Gefäß für das Wahrgenommene dienen. Lassen Sie sich aber beim Zeichnen von den Umrißlinien nicht einschränken. Verwenden Sie keine Symbole, das

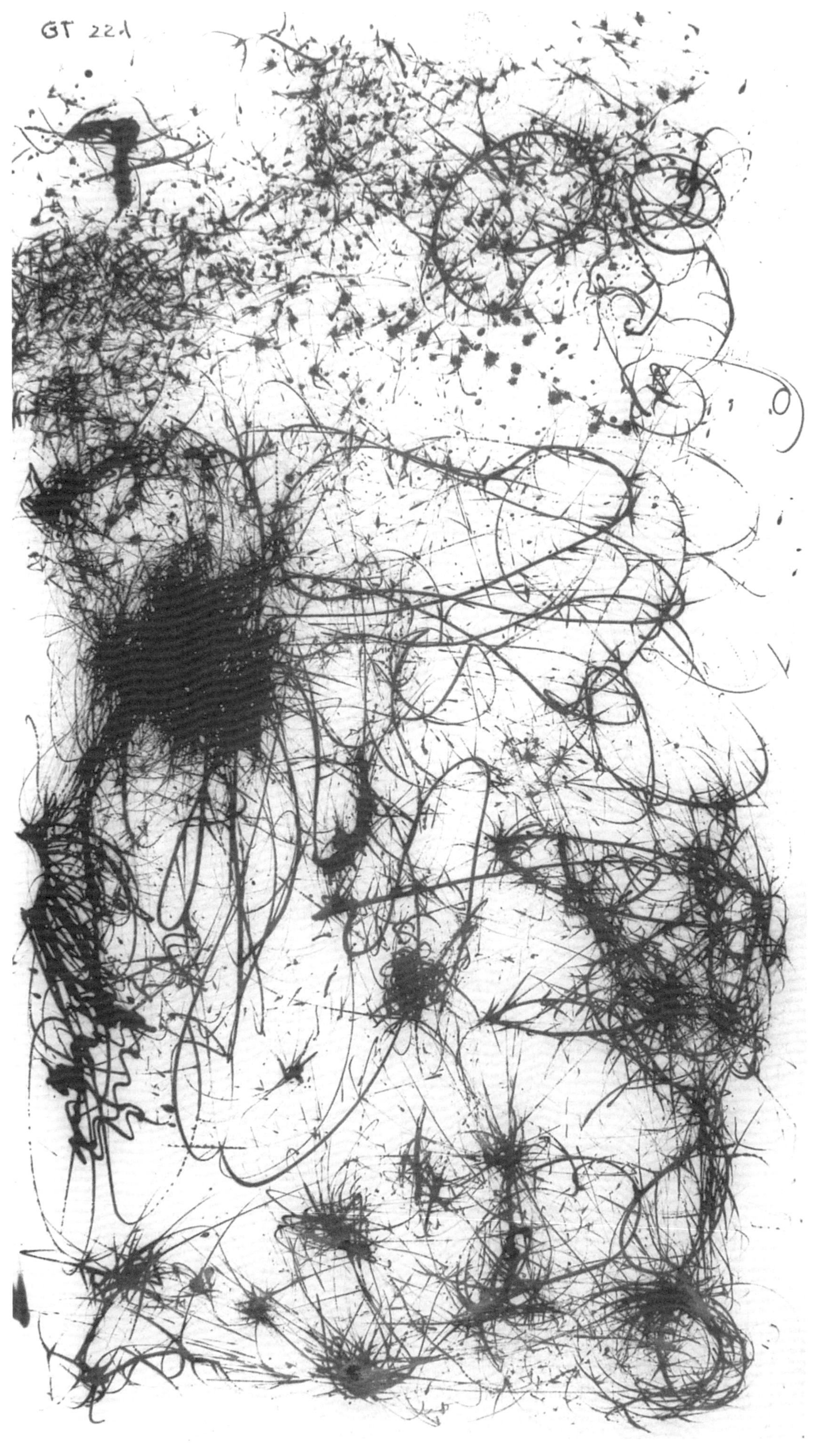
GT 22.1

Gefühlte selbst wird zur Spur. Dieses subjektive Zeichnen ist immer „wahr", da es Ihrer persönlichen Wahr-Nehmung entspricht. Es gibt hier kein Richtig oder Falsch. Beobachten Sie sich selbst beim Zeichnen und auch, wie Sie mit Ihren Zeichnungen umgehen. Was erzählen Ihnen die Linien, die Formen, die Strukturen? Zeichnen Sie ohne Kontrolle des Denkens, unmittelbar aus Ihrem Erleben. Selbst wenn Sie nicht wissen, was Sie tun sollen, beginnen Sie sich zeichnend zu bewegen. Der erinnernde Körper „weiß" und wird zum Impuls, der das Zeichnen führt. Beginnen Sie also spontan, und vertrauen Sie Ihrer Intuition.

Nehmen Sie wahr, was Sie akzeptieren und ablehnen; Taubes und Lebendiges, Wünsche und Ängste, Offenes und Verschlossenes. Akzeptieren Sie das Gezeichnete ohne Wertungen und Unterschiede als Bild und als Teil Ihrer gesamten Persönlichkeit.

Konzentrieren Sie sich jeden Tag auf einen neuen Körperteil, bis Sie so Ihren gesamten Körper von innen her gespürt und gezeichnet haben. Erleben Sie diese Zeichnungen als Ergänzung der Ihnen visuell bekannten Realität. Das Öffnen des Blickes nach Innen öffnet auch das Sehen ins Außen.

RÄUME VON ERAHNTEM BETRETEN

Erahntes ist jenes, das sich erst dem Spüren (Spürsinn) offenbart. Noch nicht Eingetroffenes kann nicht über das Wissen festgemacht und bestimmt werden. Gespürtes beeinflußt unser Verhalten, löst Hoffnungen und auch Ängste aus. Oft werden Ahnungen durch die Alltagsrealität von unserer Wahrnehmung abgeschottet. Sie suchen sich dann Wege im Verdrängen, z.B. durch exzessiven Konsum und Vergnügungssucht. Sich mit dem Erahnbaren zu beschäftigen soll Möglichkeiten fördern, auch bei sozialen und ökologischen Lebensproblemen Wege einzuschlagen, die von Vorstellungen zu deren Bewältigung geprägt sind. Die sorgfältige Erfahrungsarbeit mit Alltagswirklichkeit, mit unserem Körper, mit Natur und Kultur soll dazu beitragen, das Bewußtsein zu entwickeln, eigenes Verhalten zu reflektieren und so zu neuen Erkenntnissen zu gelangen. Bildnerische Übungen, wie Sie im ersten Teil dargestellt sind, bezwecken denn auch nicht bloß ästhetisch formale, sondern ästhetisch-existentielle Fragen, das Fördern von Phantasie und Kreativität.

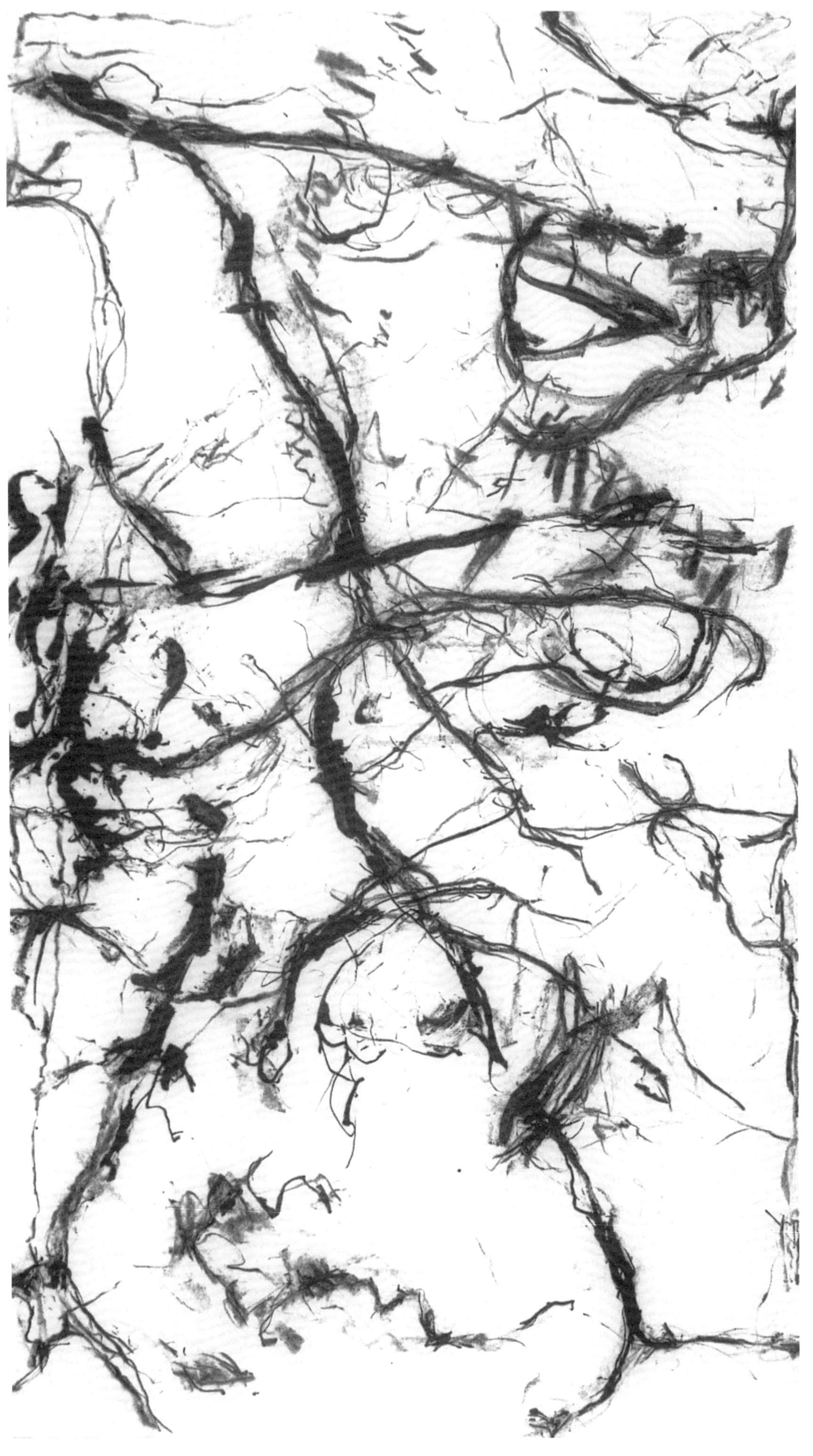

Übung 17

Bereiten Sie große Papiere (A1/A2-Formate) vor, und befestigen Sie diese an der Wand oder auf dem Boden. Wählen Sie Materialien, mit denen Sie sich beschäftigen wollen und die Ihnen für diese Übung am meisten entsprechen. Setzen Sie sich oder liegen Sie, und beobachten Sie Ihre Atmung. Schließen Sie die Augen. Nehmen Sie den Körper wahr, lassen Sie mit dem Ein- und Ausatmen Spannung los. Stellen Sie sich vor, den Raum, in dem Sie sich befinden, zu verlassen. Gehen Sie einen Weg entlang, der Sie zu einem verschlossenen Tor führt. Dahinter befindet sich der Raum Ihrer Zukunft. (Ihr Leben in fünf Jahren, Ihre Lebenswelt in zehn Jahren, in zwanzig Jahren ...) Mit dem Wissen, durch das offene Tor den Ort Ihrer Zukunft zu betreten, haben Sie die Wahl, dieses zu öffnen oder verschlossen zu halten. Falls Sie das Tor geöffnet haben, treten Sie ein, Bilder, Geräusche, Farben, Formen, Bewegungen tauchen auf. Was sehen und erleben Sie an diesem Zukunftsort (in 5, in 10, in 20 Jahren)? Gibt es Lebewesen an diesem Ort, wie verhalten sie sich? Ist es angenehm oder unangenehm? Ist es möglich, sich an diesem Ort zu bewegen, oder drängt es Sie zurück? Erzwingen Sie nichts auf dieser Reise in die Zukunft. Lassen Sie nur zu, was möglich ist, und bleiben Sie so lange, bis Sie das Bedürfnis spüren, diesen Raum wieder zu verlassen. Sehen Sie zu, erleben, spüren, fühlen Sie. Gehen Sie danach zurück zum Tor, und schließen Sie dieses wieder zu. Sie haben die Möglichkeit, wieder hierher zurückzukehren oder aber, dieses Tor für immer verschlossen zu halten. Gehen Sie den Weg, den Sie gekommen sind, zurück, um wieder am Ausgangsort anzukommen. Öffnen Sie dann die Augen. Beginnen Sie mit dem Zeichnen, ohne zu sprechen, und machen Sie so diese Vision sichtbar. Verfolgen Sie dabei nicht bloß visuelle Aspekte, sondern lassen Sie sich auch vom Gespürten führen. Zeichnen Sie, bis Ihre Erinnerungen erschöpft sind. Betrachten Sie nachher mit anderen diese Zeichnungen, sprechen Sie über Ihre Erfahrungen, über die Bilder, und entdecken Sie Wege, Ihre Erkenntnisse in Ihrem alltäglichen Leben zu nutzen.

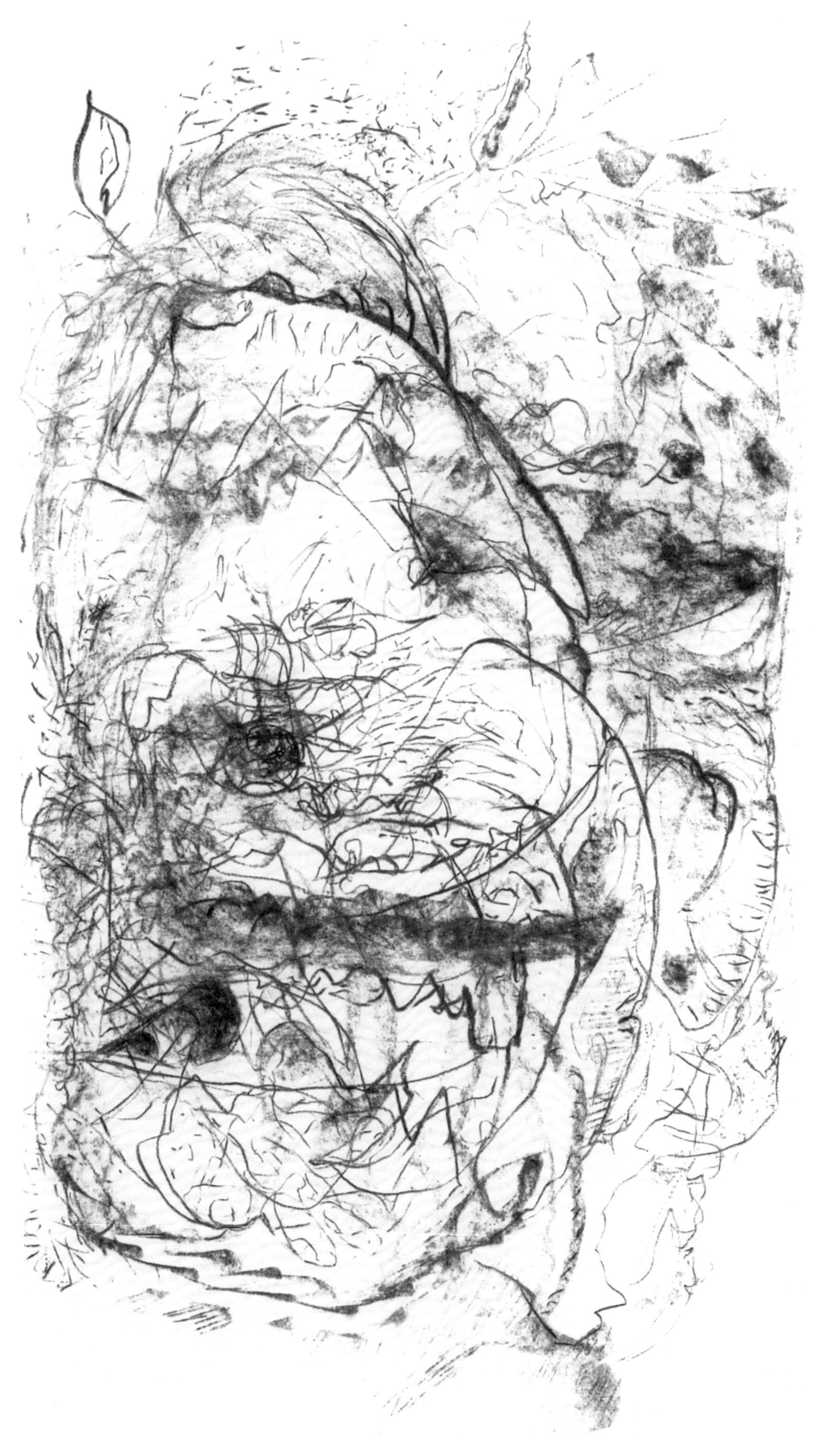

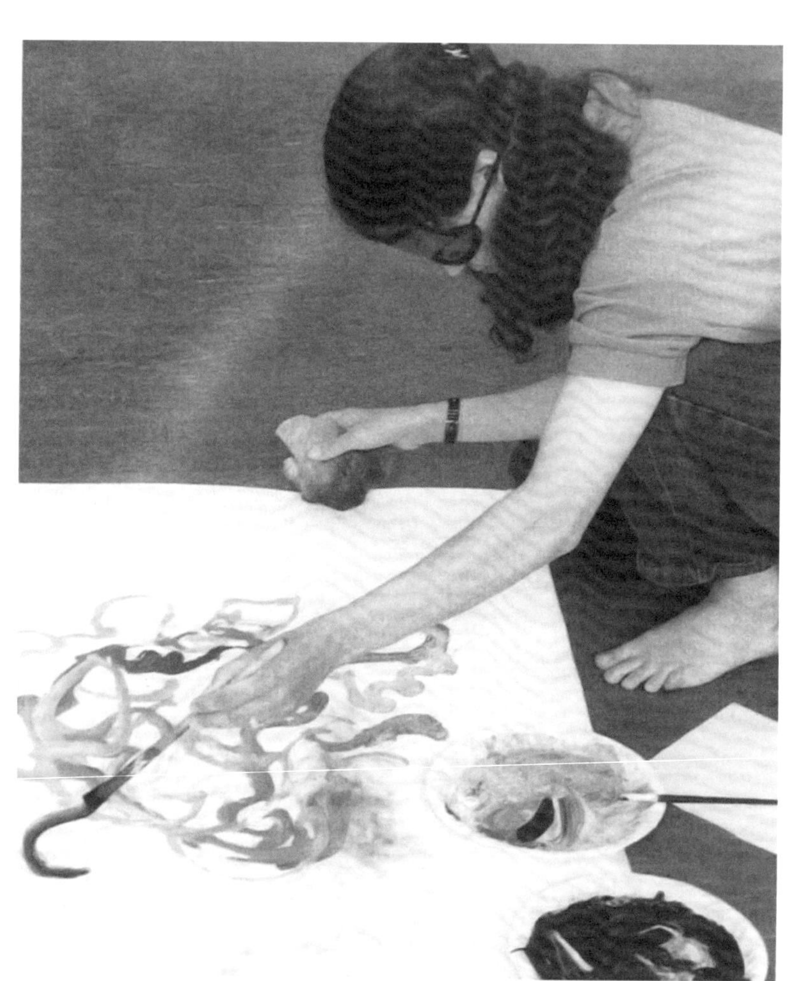

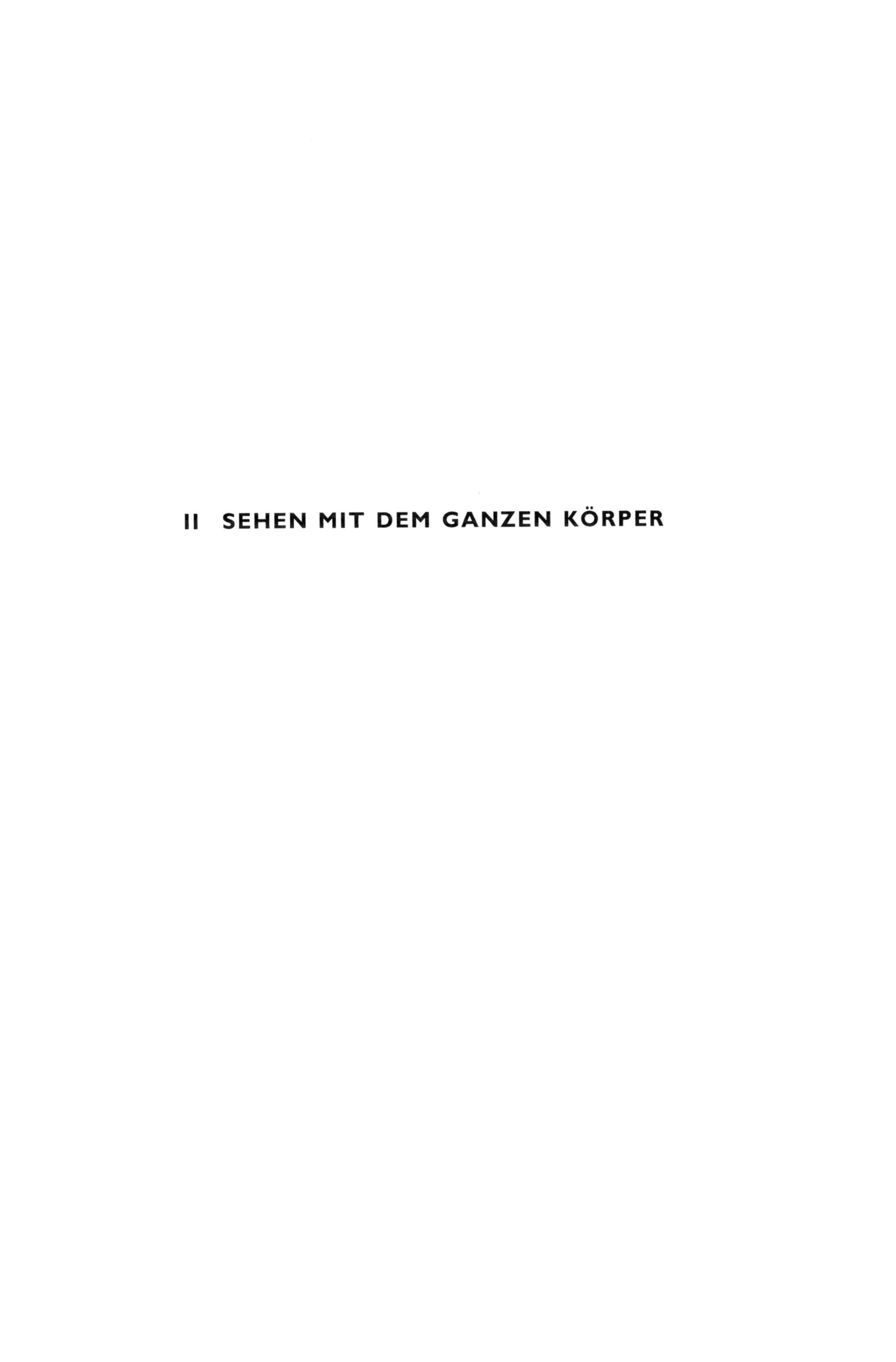

II SEHEN MIT DEM GANZEN KÖRPER

MIT DEN HÄNDEN SEHEN

Zeichnen lernen bedeutet Sehen lernen mit der Beteiligung des gesamten Körpers. Durch die Sinne setzen wir uns mit dem Außen in Beziehung. Um das Sehen zu intensivieren, verlagern wir es in unsere Hände. Mit diesen berühren und gestalten wir und beginnen zu begreifen. Beim Sehen mit den Händen schaffen wir Nähe. Der Gegenstand wird zum Objekt des Tastens und Spürens. Die tastende Geste, die Geste des Be-greifens, wird zum „Sehen der Hände". Das Verlagern der Wahrnehmung und die Konzentration auf das, was die Hände berühren, vertieft die Beziehung zum Außen. Dieses „blindtastende" Sehen ist unmittelbares Lernen durch den Körper. Berührungen lösen Emotionen und Erinnerungen aus. Was wir wahrnehmen, wird in Beziehung gesetzt zum Bekannten. Die Hände entwickeln Neugier. Das „Sehen" verlangsamt sich durch das achtsam tastende Be-greifen mit den Händen und fördert das Verstehen.

SEHEND TASTEN – DIE GESTE DES BE-GREIFENS

„Blind" werden – mit geschlossenen Augen beginnen die tastenden Hände zu sehen. Beidhändig einen Gegenstand abtasten, um ihn später aus der Erinnerung der Hände „blind" zu zeichnen, setzt die Bereitschaft zum Spüren und zu Geduld voraus. Zeichnen wird hier zur tastend-erinnernden Bewegung der Hände. Jenes wird Spur, was tastend begriffen, erlebt, erfahren wurde. Die Zeichnung spiegelt die Intensität des Tastens und entsteht aus der Erinnerung der Hände.

Übung 18

Suchen Sie Objekte, wie morsche Holzstücke, Schwemmhölzer, poröse Steine, knuspriges Brot, verrostetes Eisen, ein Stück Rinde. Gegenstände, die nicht durch ihre Form, sondern besonders durch ihre Oberfläche interessant sind. Betasten Sie ein Objekt mit geschlossenen Augen. Lassen Sie in Ihrem Inneren die Tastempfindungen Bilder werden, und nehmen Sie sich die Zeit zum Spüren und Assoziieren. Wie fühlt es sich an – weich, struppig, kantig? Die Hände beginnen zu sehen. Versuchen Sie, den Tastempfindungen ein Wort, ein Bild, eine Erinnerung zuzuordnen. Es ist nicht nötig, sich das Aussehen des Gegenstandes

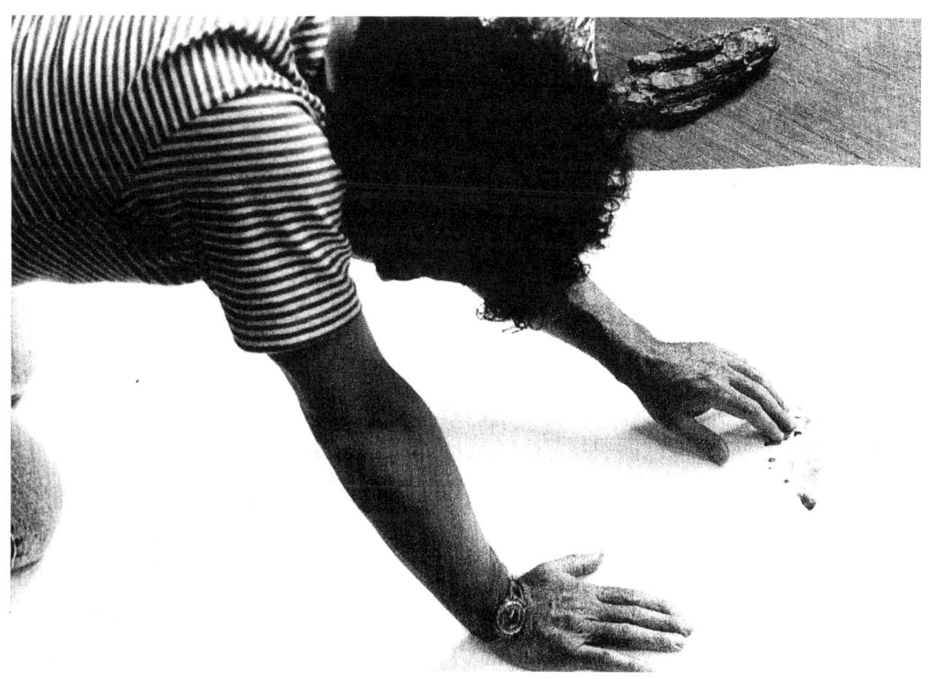

Tastend zeichnen aus der Erinnerung der Hände.

vorzustellen. Es geht nur um das unmittelbare Spüren. Erleben Sie so während zirka 15 Minuten blind-tastend die Oberflächenbeschaffenheit des Gegenstandes. Zeichnen Sie danach mit geschlossenen Augen, beidhändig aus der Erinnerung der Hände. Die Bewegung des Zeichnens entspricht der Bewegung des Tastens. Dieses „tastend-sehende" Zeichnen schafft Nähe, verbindet Inneres mit Äußerem. Wir entwickeln Vertrauen in unsere spürenden Hände und in den wahrnehmenden Körper. Bei dieser unmittelbaren Sinneserfahrung spiegeln wir uns in den Dingen. Beobachtende und Beobachtetes bilden ein Ganzes und sind nicht getrennt voneinander. Nicht das Abbilden, nicht die Kopie ist wichtig, sondern das Zurückgehen auf sich selbst beim Wahrnehmen des anderen.

Arbeiten Sie beidhändig, z.B. mit Kohle, und zeichnen Sie, bis sich die vielfältige Erinnerung Ihrer Hände erschöpft. Betrachten Sie danach die aus dem Tasten gezeichneten Spuren in Beziehung zum Gegenstand. Erleben Sie die vielfältigen Möglichkeiten der Kohle, Ihrer Hände, die Variation von stärkerem und schwächerem Druck. Wiederholen Sie diese Übung und verfeinern Sie so auch den Umgang mit den Zeicheninstrumenten. Es ist vorteilhaft, wenn Sie vor dieser Übung die gestalterischen Möglichkeiten der Kohlestifte erproben und in ihrer Vielfalt erleben.

Zeichnen ist ein Prozeß, bei dem sich die Sorgfalt des Sehens und Spürens entwickelt. Die Aufmerksamkeit ist ganz auf das Erleben im Augenblick gerichtet. „Mit-den-Händen-Sehen" fördert achtsames-offenes Wahrnehmen, Begreifen und Handeln. Jede Berührung wird zur Sensation. Unvorhergesehenes und Unerwartetes wird wahrgenommen. So kann Interesse am Leben entwickelt werden. Einfache Dinge werden plötzlich gehaltvoll – große Schätze – interessante Dinge – interessante Menschen. Sagen Sie zeichnend einfach „ja" zu dem, was Sie „tastend-sehend" berühren. Zeichnen – ein beziehungsvolles Jasagen zur außergewöhnlichen Vielfalt der Existenz.

Lassen Sie sich nicht zu sehr irritieren von der ersten Zeichnung aus dem Tasten. Sie mag am Anfang fremd und undifferenziert wirken. Wenn Sie aber mehr und mehr die Vielfalt des Spürens in die Vielfalt des Zeichnens übertragen, entwickeln sich Ihre Zeichnungen zu vielschichtigem und differenziertem Ausdruck. Zeichnungen sind Spiegel Ihrer Achtsamkeit, Ihres Erlebens, Ihres Erinnerns.

MEIN GESICHT IM SPIEGEL

Übung 19

Beginnen Sie mit einer Entspannungsübung.

Betasten Sie mit geschlossenen Augen beidhändig Ihren Kopf. Seien Sie dessen gewahr, was Ihre Hände erleben, und lassen Sie innere Bilder dazu entstehen. Nehmen Sie sich genug Zeit zu dieser Selbstberührung, und stellen Sie sich vor, sich so in einem Spiegel zu betrachten. Alles, was Sie mit Ihren Fingern ertasten, wird gespiegelt, das Gesicht, die Haare, die Lippen, die Nase etc. Spüren Sie mit den Händen jedes Detail, die Wimpern, die Öffnungen, die Ober- und Unterlippen, Fältchen usw. Lassen Sie sich Zeit zu diesem sehend-tastenden Erleben. Nehmen Sie Ihre Emotionen und Erinnerungen wahr.

Zeichnen Sie nach dieser intensiven Selbstberührung „blind" und beidhändig aus der Erinnerung. Ziehen Sie tastend-zeichnend Spuren für das Erspürte. Benützen Sie Kohle- oder Graphitstifte, Kugelschreiber, Pinsel oder andere Materialien. Zeichnen Sie tastend, kribbelnd, berührend, modellierend. Die Hände erinnern sich. Sie zeichnen, als ob sie erneut das Gesicht betasten würden, berührend, erlebend,

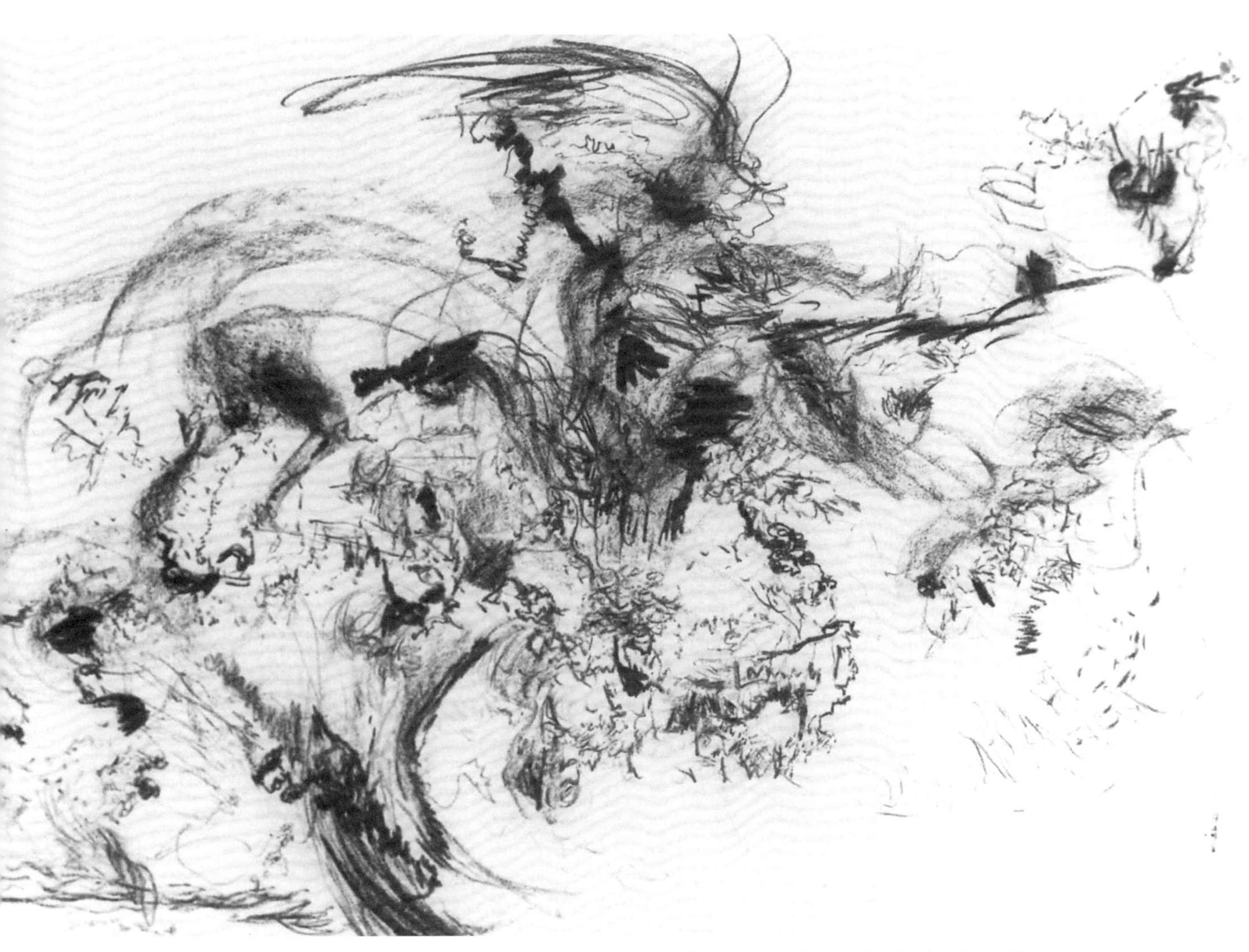

„Blinde" Spuren – der Körper zeichnet das aus der Erinnerung, was die Hände sehend-tastend berührt und begriffen haben.

streichelnd, selbstvergessen in diesem Tun. Suchen Sie neue Möglichkeiten, diese Übungen zu ergänzen. Entwickeln Sie auch in Gruppen Formen von Begegungen durch Berühren. Massieren Sie sich gegenseitig den Kopf, den Nacken, die Hände und tasten Sie einander „blind" das Gesicht, den Kopf ab. Zeichnen Sie „blind" tastend-erinnernd aus diesen intensiven Erlebnissen.

Übung 20

Legen Sie sich A3/A2-Papier und Kohle, Pinsel und Tusche bereit, und suchen Sie sich einen Gegenstand, der von seiner Oberfläche und von seiner Form her interessant ist. Schließen Sie die Augen, und betasten Sie den Gegenstand mit ihren Händen. Lassen Sie bei diesem langsamen, tastenden Erforschen jede Berührung zu einem inneren Bild werden. Benennen Sie das Erspürte, assoziieren Sie dazu, woran erinnert es Sie? Finden Sie Wörter für das, was Ihre Hände spüren: fasrig, rauh, porös, brüchig, glatt, weich, wattig. Tasten Sie so blind mit den „sehenden Händen" den gesamten Gegenstand ab, der Ihnen durch dieses Be-greifen nahekommt. Nehmen Sie einfach wahr, was Ihre Hände aufzunehmen vermögen. Zeichnen Sie nach diesem tastenden Wahrnehmen „blind" und beidhändig, ohne kopieren zu wollen, tastend-erinnernd. Erinnern Sie sich beim Zeichnen an Ihre Empfindungen und Assoziationen. Zeichnen Sie, bis sich die Erinnerung der Hände erschöpft. Die Zeichnung ist Spur aus Erleben, Erfahren und Erinnern. Entwickeln Sie daraus Vertrauen in die wahrnehmend-spürenden und gestaltend-handelnden Hände. Betrachten Sie die Zeichnung. Was teilt sie mit über den Gegenstand, die Form, die Struktur, die Textur, die Bewegung, den Raum? Wie spiegelt Sie das Gefühlte, das Gespürte, Ihre Erinnerung?

Blind zu tasten und zu zeichnen bedeutet, sich von den Dingen selbst, vom Erleben und Erinnern führen zu lassen. Es heißt, einen geheimnisvollen Weg einzuschlagen. Lösen Sie sich von der Vorstellung, wie Sie zeichnen sollten. Fragen Sie sich: Was werde ich spüren? Was werden meine Hände sehen? Es ist wichtig, durch Spüren Vertrauen in die Sinne zu gewinnen. So beginnen Sie, dem zu trauen, was Sie mit Ihren Händen wahrnehmen und erleben und was Worte nicht auszudrücken vermögen. Worte können beschreiben, verändern, beeinflussen, Ihre tastend-sehenden Hände aber nehmen spürend wahr.

Integrieren Sie immer mehrere Sinneseindrücke in dieses tastend-sehende Zeichnen: Wie fühlt es sich an, wie schwer ist es, die Wärme, der Geruch usw. Variieren, ergänzen und verändern Sie diese Übung aufgrund Ihrer persönlichen Erfahrungen.

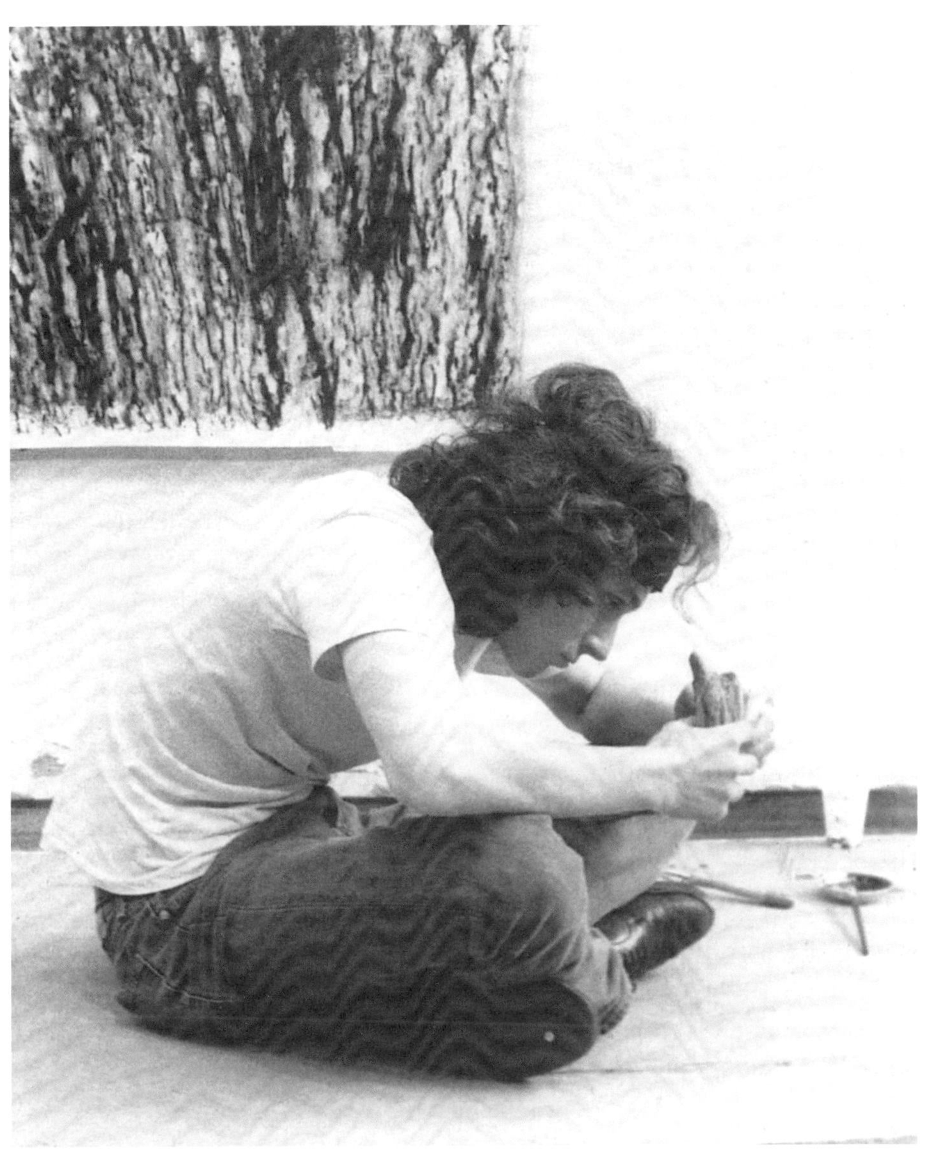

Mit den Augen „tasten."

DER BERÜHRENDE BLICK

Zeichnen bedeutet Sehen, „Hinhören", sich im Wahrnehmen hingeben. Zeichnen ist aber auch handelnd-denkendes Verarbeiten. Es wird zu einer Bewußtseinsschulung durch ungeteilte Aufmerksamkeit. So kommen Sie zu sich selbst und sind lebendig im Empfangen, Erleben und im Tun. Die Übungen zu diesem intensiven Sehen sind Übungen in Aufmerksamkeit, in Konzentration, und sie fördern das Verstehen. Sehen setzt Stille voraus. Schaffen Sie sich dazu die Voraussetzungen. Ohne diese zeichnen wir unsere Vorstellungen und Begriffe von den Dingen und verlieren das, was wir wirklich sehen.

Mit den Augen zu tasten bedeutet, sie zum Sehen zu erwecken. Bevor Sie zeichnen, empfehle ich Ihnen, einige Aufmerksamkeits-Übungen durchzuführen. Trotz intensiver Teilnahme sollen diese Übungen spielerisch bleiben, gelassen und ohne Anstrengung. Verstehen Sie sie als Impulse, die Sie selber ergänzen. Es genügt, sie immer wieder während weniger Minuten durchzuführen, um so Einmaligkeit zu fühlen und Bewußtsein im Wahrnehmen zu entwickeln (siehe Übung 55).

Übung 21

Wählen Sie einen Gegenstand mit vielen Detailformen und betrachten Sie ihn. Stellen Sie sich vor, diesen mit Ihren Augen zu „berühren". Ihre Augen beginnen zu tasten. Wie fühlt sich das Betastete an? Ist es weich, hart, kantig, rund, spitz? Das Wichtigste dabei ist die intensive Vorstellung des Tastens. Benennen Sie alles, was Sie mit Ihren Augen „berühren", Details, Farben, Strukturen, Bewegungen, Helles, Dunkles, Grobes, Feines, und beginnen Sie dann zu zeichnen. Stellen Sie sich vor, mit der Spitze Ihres Stiftes den Gegenstand zu betasten, langsam, Schritt für Schritt. Wie fühlt sich das „Berührte" an? Dieses sehend-berührende Zeichnen hinterläßt ohne Absicht eine Spur auf dem Papier. Diese Spur ist die Linie des „tastenden" Sehens, authentischer Ausdruck Ihrer aufmerksamen Teilnahme. Sehen, Zeichnen und Tasten werden ein und dasselbe.

**In dieser Übung benützen wir ein Tuch, mit dem wir die Zeichnung zudecken. So soll das Sehen ganz auf den Gegenstand gerichtet sein, nicht abgelenkt durch den kontrollierenden Blick auf das Papier.
Bedecken Sie Ihr Papier mit dem Tuch, und tasten Sie mit Ihren Augen den Gegenstand ab. Stellen Sie sich vor, diesen Gegenstand mit Ihrem Stift zu berühren, und beschreiben Sie „zeichnend-tastend" alles, was Sie sehen: Formen, Farben, Weiches, Hartes. Benennen Sie jede Bewegung, jede Berührung, jede Richtungsänderung. Denken Sie dabei nicht an den Gegenstand selbst, sondern sagen Sie einfach ja zu allem, was Ihre Augen „berühren". Zeichnen Sie nicht schneller, als Sie „berühren" können, und beginnen Sie diese Übung, indem Sie sich anfangs auf ca. zehn Minuten beschränken. Stellen Sie sich wirklich vor, direkt auf dem Gegenstand selbst zu zeichnen. In der Zeichnung unter dem Tuch werden die Bewegungen der Augen und der Hand eins. Die Linie wird zur Linie, die sieht, Zeichnen zur Verlängerung des Sehens und Tastens.**

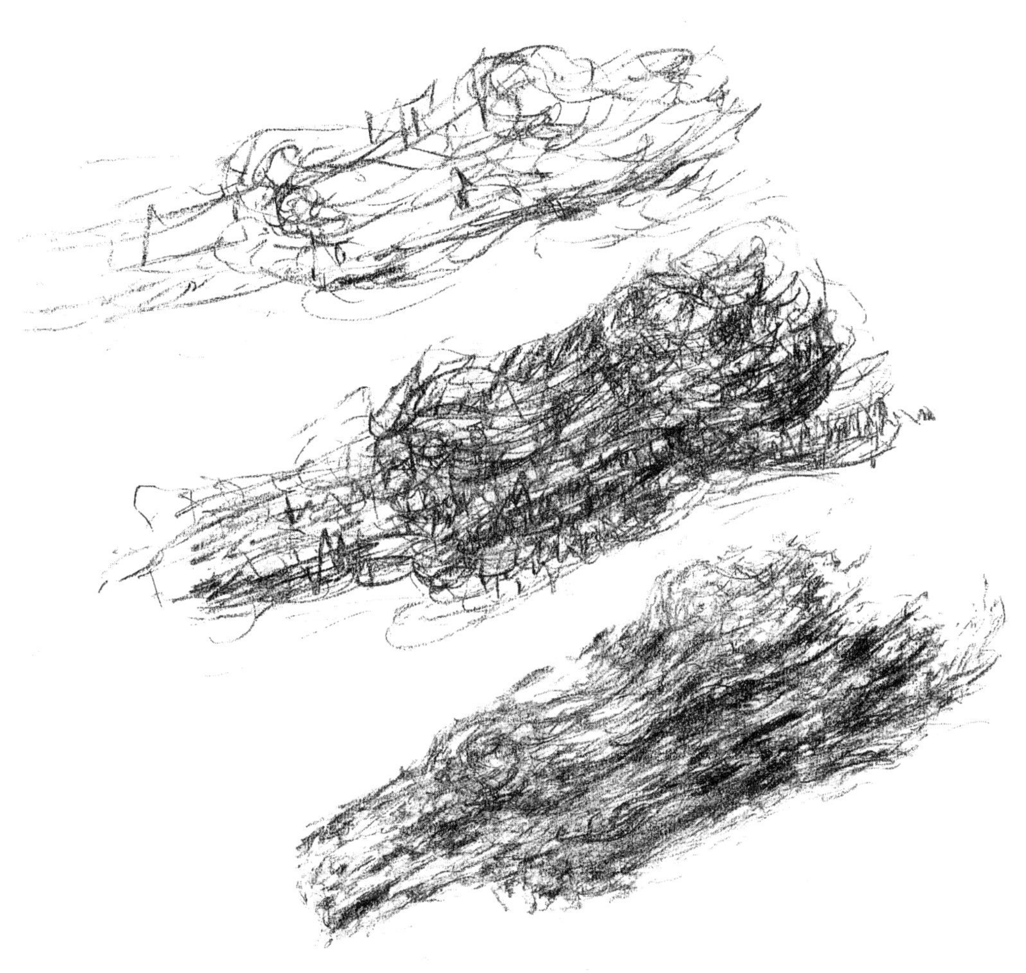

Beidhändig „blind“ zeichnen aus „tastendem Sehen und sehendem Tasten“.

Übung 22

Zeichnen Sie „sehend-tastend", wie in der vorangegangenen Übung, auch mit der ungewohnten Hand. Geben Sie dieser den Kredit, es nicht können zu müssen, denken Sie nicht an eine besondere Leistung. Vertrauen Sie Ihrer Wahrnehmung, und erleben Sie den vielfältigen Formenreichtum und die Einmaligkeit alltäglicher Dinge. Nehmen Sie die unermeßlichen Fähigkeiten Ihrer Augen wahr, die es von sich aus richtig machen. Lernen Sie, Ihre Augen, die Möglichkeiten Ihrer Sinnesorgane zu schätzen. Zeichnungen entstehen aus dem wachen Gebrauch Ihrer Sinne und aus der Stille. Stellen Sie sich beim Zeichnen immer wieder Fragen: Was werde ich se-hen, was berühren meine Augen, wie fühlt es sich an, woran erinnert es?

Die Übung mit dem verdeckenden Tuch soll das Vertrauen in das „tastende" Sehen fördern. Später arbeiten Sie ohne Tuch in diesem tastenden Sinn. Zeichnen Sie von nun an dann, wenn Ihr Blick den Gegenstand tastend berührt. Sehen Sie während dieses Vorgangs nicht mehr auf das Papier. Halten Sie inne, wenn Sie Ihre Zeichnung betrachten. Sie werden später Ihren eigenen Rhythmus zwischen dem tastenden und dem kontrollierenden Blick finden, um den Stift auf dem Papier immer wieder neu anzusetzen und zu koordinieren. Lassen Sie sich führen vom „tastenden Sehen". Machen Sie das Zeichnen zu einem Erlebnis und einer aufmerksamen Erfahrung, statt zu einer Technik des Kopierens.

TASTEND SEHEN UND SEHEND TASTEN

Übung 23

Wir beabsichtigen, die „sehenden Hände" und die „tastenden Augen" miteinander zu verbinden. Wählen Sie wiederum einen Gegenstand, den Sie mit geschlossenen Augen betasten. Erkunden Sie mit Ihren „sehenden Händen" Formen und Texturen. Lassen Sie Assoziationen zu, innere Bilder, Erinnerungen, Gedanken, Worte (siehe Übung 20). Zeichnen Sie danach „blind", aus der Erinnerung der Hände, indem Sie die Bewegungen des Berührens und der tastenden Aneignung zeichnend wiederholen. Ergänzen Sie dann diese Spuren aus dem Tasten, indem Sie, wie Sie es bereits geübt haben, den Gegenstand mit der Spitze des

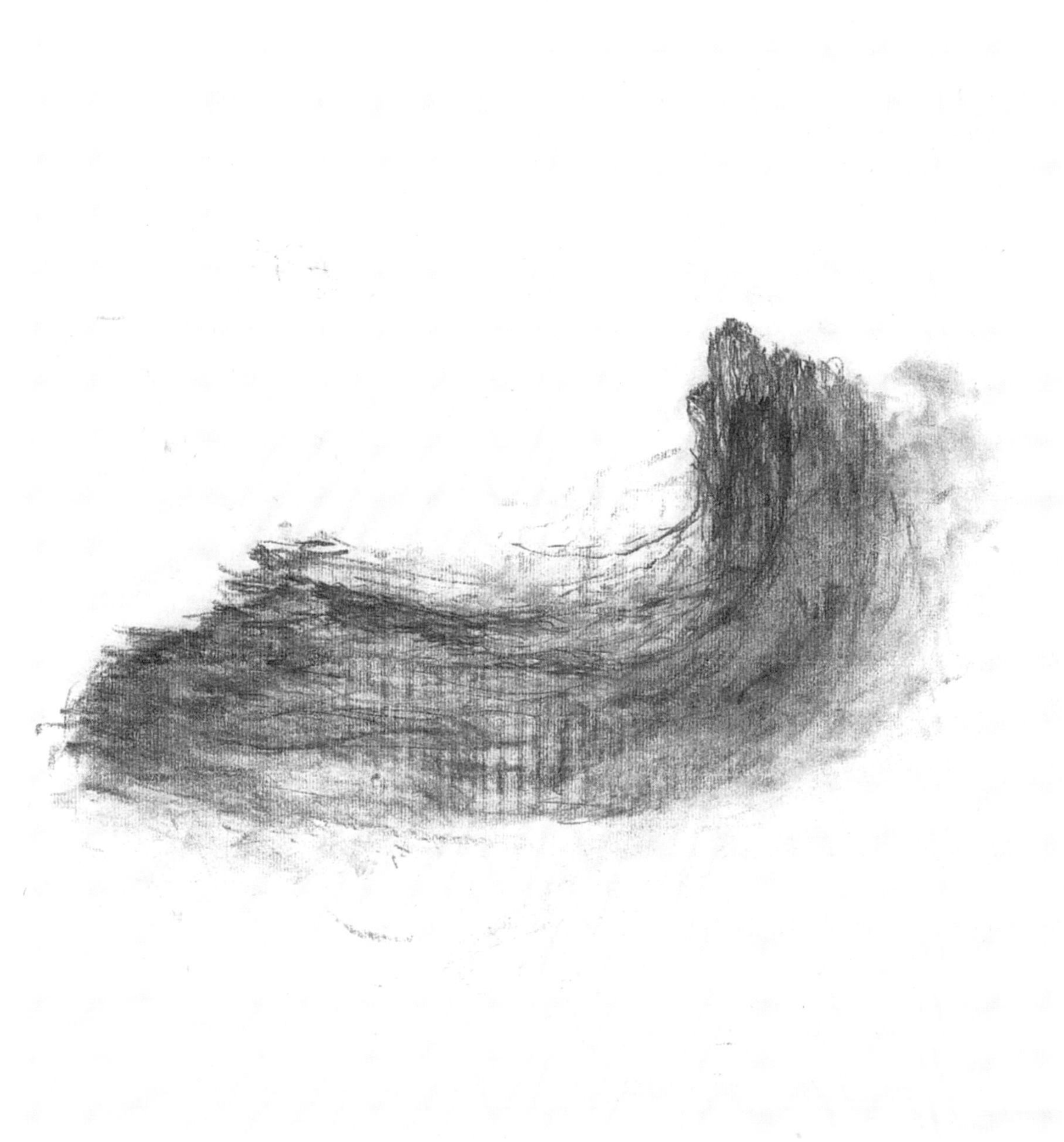

*„Wenn ich einen alltäglichen Gegenstand sehe,
geht mir auf,
wie außergewöhnlich er ist."*

Frederik Frank

Stiftes „berühren“. Betasten Sie so das, was Sie sehen, und stellen Sie fest, wie es sich anfühlt: weich, hart, kantig, glatt, fasrig etc. Sehen Sie während des Zeichnens nicht auf das Papier. Lassen Sie sich vom „tastenden“ Sehen führen. In dieser Übung werden innere Erfahrungen und äußere Beobachtungen auf intensive Weise in Beziehung gesetzt.

Die Einschränkung, nicht auf das Papier zu sehen, ist eine Abmachung mit sich selbst. Geben Sie Ihrem Tun eine Struktur, so daß sich dadurch eine neue Erfahrung einstellen kann. Zeichnungen werden zu Antworten auf die gestellten Fragen: Was „sehen“ meine Hände? Was „berühren“ meine Augen? Wie fühlt es sich an ...?
Zeichnen meint nicht Konstruktion oder Kopie, sondern ist Ausdruck lebendiger Beziehung. Zeichnungen sind Geschenke Ihrer Sinne.

DINGE „AUF DEN KOPF“ STELLEN

Übung 24

Um Vorstellungen, Wissen und Vorurteile auszuschalten, können Sie Gegenstände „auf den Kopf“ stellen. So erleben Sie etwas Bekanntes plötzlich neu, und es regt Sie zur achtsamen Beobachtung an. Zeichnen Sie „auf dem Kopf stehende“ Dinge, als würden Sie diese das erste Mal sehen. Konzentrieren Sie sich nicht auf das Aussehen, sondern ausschließlich auf die Bewegung der Linien. Zeichnen Sie „tastend-sehend“ und verändern Sie den Druck des Stiftes, indem Sie auf Weiches und Hartes, auf das Vorne und das Hinten reagieren. Sehen-zeichnen Sie in diesem „tastenden“ Sinn verschiedene einfache Objekte mit klaren Formeigenschaften.

In diesen Zeichnungen werden Prozesse des Sehens geübt. Es geht dabei nicht um das Kopieren, sondern um die Differenzierung im Wahrnehmen und Bewußtwerden. Durch „tastendes“ Sehen verbinden wir uns mit der Welt und machen uns eins mit deren Rhythmen. So lernen wir, ohne Wissen zu bemühen, durch Erleben und Erfahren. In diesem Sinne ist diese Übung nicht für das Entwickeln technischer Fertigkeiten gedacht. Können ist hier der Ausdruck eigener lebendiger Erfahrung. Es gibt dabei nichts zu besitzen, aber Sie lernen, einen Weg zu beschreiten, dessen Richtung Sie durch Ihre

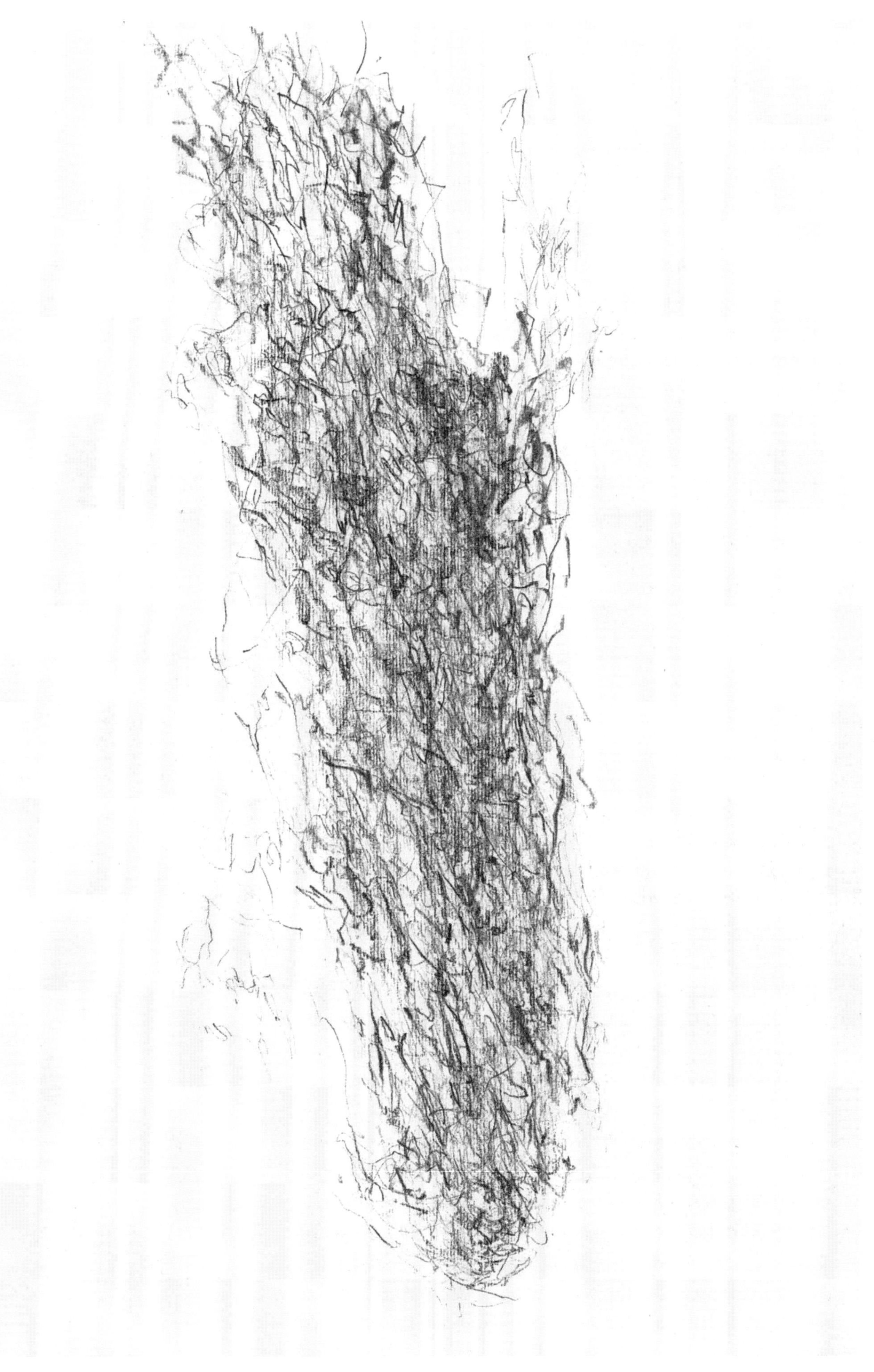

Aufmerksamkeit selbst wählen können. Fragen sie sich nicht, wie die Zeichnung aussehen soll, sondern seien Sie der Sorgfalt des Sehens, des Spürens und des Zeichnens bewußt.

LEBENDIG WAHRNEHMEN

Das Staunen über den Reichtum alltäglicher Dinge bereichert unsere Wahrnehmung, unterstützt unsere Freude und verändert unsere Beziehungen. Erfahren durch Erleben fördert unsere Warhnehmungsfähigkeit, weckt unsere Kreativität und regt die Phantasie an.
Anhand der Beobachtung einfacher Gegenstände können Sie Ihre lebendige Wahrnehmungsfähigkeit erweitern. Sie ergänzen damit die begriffliche Wahrnehmung, die sich auf das Festhalten von Informationen konzentriert. Mit diesen Übungen kann sich Ihre gesamte Alltagswahrnehmung verändern. Sie finden überall Möglichkeiten, sich zu vertiefen. Schenken Sie sich jeden Tag ein paar Minuten zum Üben.

Übung 25

Betrachten Sie einfache Naturgegenstände, ein kleines Blatt, einen Stein. Wenden Sie Ihre gesamte Aufmerksamkeit diesem Gegenstand zu, ohne sich durch Gedanken oder Gefühle ablenken zu lassen. Versuchen Sie immer wieder zur Beobachtung zurückzukommen, wenn Sie abschweifen sollten. Nehmen Sie den Gegenstand in die Hand, so daß Sie das Ganze sehen können. Beobachten Sie möglichst genau. Während Sie die gesamte Form betrachten, sehen Sie auch die Oberfläche, Einzelheiten, Muster, das Licht, die Farben. Bei wachsender Beobachtung werden immer mehr Nuancen sichtbar. Diese vielfältigen Wahrnehmungen sind oft mit Worten nicht mehr beschreibbar. Wiederholen Sie diese Übung, und benützen Sie während einiger Tage dasselbe Objekt. Diese Übungen sind nicht leistungsorientiert, das Ziel ist das Üben als Vertiefung selbst.
Beobachten Sie später verschiedene Gegenstände, auch technische, gemachte. Konzentrieren Sie sich auf die unbenennbaren, auf die unbeschreibbaren Teile. Vergleichen Sie solche Objekte mit natürlichen. Benützen Sie, während Sie so betrachten, keine Worte. Stellen Sie einfach fest. Durch das Wiederholen der Beobachtung werden Sie vertraut und entdecken immer Neues.

Versuchen Sie sich den Gegenstand, nach einer gewissen Zeit, mit geschlossenen Augen vorzustellen. Das innere Bild soll durch Aufmerksamkeit gestaltet werden. Versuchen Sie aktiv das Erinnerte zu unterstützen. Wenn Sie danach aus der Erinnerung zeichnen wollen, können sich Schritt für Schritt Formvorstellungen, Farbvorstellungen, Unterschiede in der Oberfläche etc. einstellen. Versuchen Sie sich in diesen Übungen ganz auf das Gegebene in diesem Augenblick zu konzentrieren.

Dieses aktive, wachsame Hinsehen kann sich verwandeln in verweilendes Aufnehmen. So beginnt der Gegenstand selbst zu „sprechen". Er beginnt, sich zu zeigen. Echtes Staunen wird möglich, die Dinge lassen sich sehen.

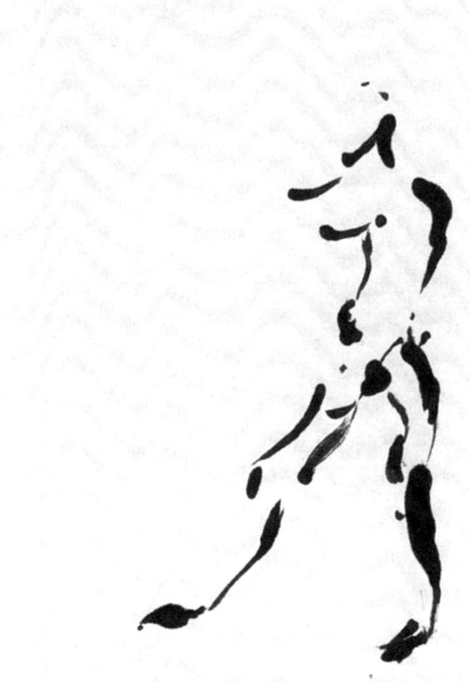

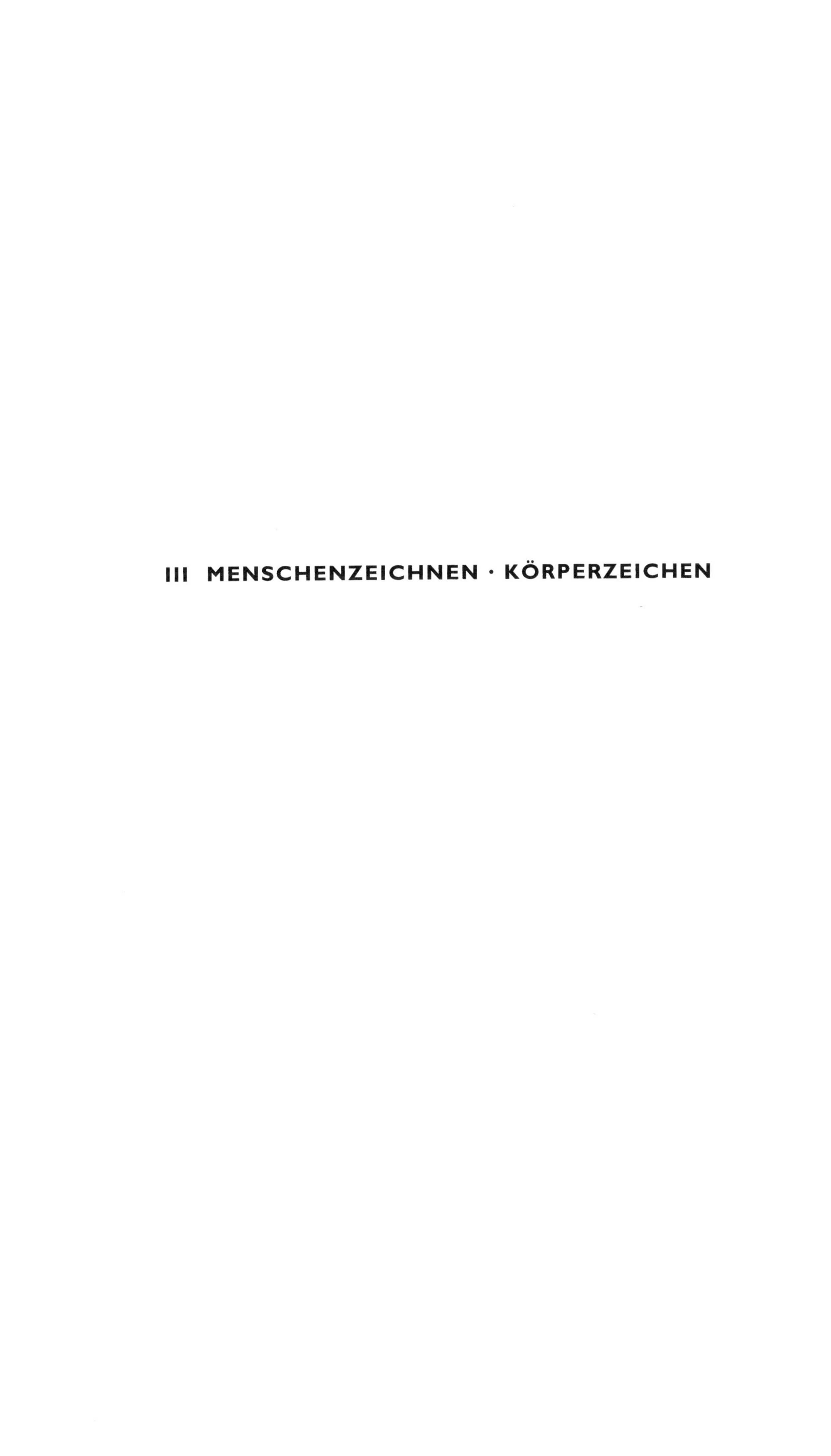

III MENSCHENZEICHNEN · KÖRPERZEICHEN

DURCH DEN KÖRPER LERNEN

Wenn Sie beim Zeichnen Ihrem Körper die Koordination überlassen, entwickeln Sie Vertrauen in Ihre Sinne und werden sich der außerordentlichen Fähigkeiten Ihrer Wahrnehmungsorgane bewußt. Nehmen Sie die Übungen zum Sehen als Impulse, aber führen Sie nicht bloß meine Aufgaben aus. Entwickeln Sie durch Ihre eigenen Erfahrungen Vertrauen in das volle Verständnis, das Sie in sich selbst bereits besitzen. Beim Sehen gibt es eigentlich keine Schwierigkeit. Die Augen bewegen sich mühelos. Machen Sie keinen Unterschied zwischen dem Zeichnen und dem Verrichten anderer Dinge, die Sie selbstverständlich können. Wenn Sie sich ganz auf das Erleben und Tun im Jetzt konzentrieren, geht es einzig um Ihre Achtsamkeit. Seien Sie ganz bewußt in dem, was Sie gerade tun. Geben Sie den Vorbereitungen und dem Zeichnen keinen unterschiedlichen Wert. Machen Sie schon das Bereitlegen der Materialien zu einer Übung. So wird alles, was Sie tun, kreativ und lebendig. Das Verharren und das Verhaftetsein in produktbezogenen Vorstellungen schafft Unterscheidungen zwischen Wichtigem und Unwichtigem. Denken Sie nicht an das Erreichen von Wichtigem, sondern freuen Sie sich immer wieder über Ihren inneren und äußeren Prozeß. Zeichnen bedeutet, selbstbeschränkende Normen durch Experimentierfreude, Mut und Risiko ständig zu verändern. Setzen Sie sich immer wieder dem Ungewohnten aus, und nehmen Sie Ihre selbstgesetzten Grenzen wahr. Verlassen Sie die Muster aus Routine und mechanischem Tun, um durch Erleben reicher zu werden. Zeichnen heißt auch, den eigenen Körper schätzen zu lernen. Geben Sie sich keine besondere Mühe, bleiben Sie entspannt, machen Sie sich innerlich frei, um sehen zu können. Nehmen Sie nur das in Anspruch, was Sie zum Zeichnen wirklich brauchen.
Betrachten Sie diese Übungen als Anregung für ein lebendiges Spiel, und wecken Sie den Schöpfer, die Schöpferin in sich selbst. Wichtig ist, daß Sie diese Übungen eine Zeitlang nicht abbrechen sollten. Versuchen Sie eine Regelmäßigkeit zu entwickeln, und beginnen Sie immer wieder mit einer Entspannungsübung (siehe Seite 16).
Sie werden festgestellt haben, daß ich immer wieder auf ähnliche Dinge hinweise. Im Grunde genommen geht es beim Zeichnen um Variationen desselben Tuns. In diesen Erfahrungen können Sie den Sinn von Wiederholungen entdecken, und Sie beginnen sich über Ihre Ziele Gedanken zu machen. Nehmen Sie sich Zeit, jene Geduld zu entwickeln, die es braucht, um den Körper lernen zu lassen. Wiederholen Sie deshalb immer wieder dieselben Übungen, entdecken Sie dabei Neues. Kombinieren Sie, verändern Sie und finden Sie heraus, was Ihnen wirklich wichtig ist, um daraus Freude zu gewinnen.

KÖRPER ZEICHNEN MIT ALLEN SINNEN

Körper zeichnen, der Blick nach außen, sich mit anderen Menschen beschäftigen heißt auch, sich mit sich selbst zu beschäftigen. Wir nehmen andere Menschen nicht nur wahr, sondern werden auch durch sie gespiegelt. Zeichnen – in einer Beziehung zum anderen sein – zusehen und zuhören bedeutet auch ein Beisichsein. Beim Zeichnen geben wir uns dem Aufnehmen, dem Verarbeiten und dem Formschaffen hin. Durch Sehen mit allen Sinnen erleben wir sowohl andere Menschen als auch uns selbst mit ungeteilter Aufmerksamkeit neu.

Beim Zeichnen des menschlichen Körpers, wie ich es verstehe, geht es nicht um richtig oder falsch. Mit der Entwicklung differenzierter Wahrnehmungsfähigkeit werden Sie unabhängig von Fremdbeurteilungen. Sie lernen, Ihren augenblicklichen Entwicklungsstand selbst zu erkennen und zu bewerten. Vermutlich werden Sie beim Üben immer wieder an Ihre eigenen Grenzen stossen und Enttäuschungen erleben. Versuchen Sie, in diesen Momenten offen zu bleiben. Das sind diejenigen Augenblicke, die uns verwandeln und mit uns selbst verbinden. Setzen Sie die Kraft der Irritation oder Enttäuschung in Energie um. Enttäuschungen können so als Herausforderung verstanden werden, die zu neuen Erfahrungen anregen. Entwicklung wird dann möglich, wenn Sie bereit sind, eigene Erfahrungen zu machen, zu experimentieren, Festes loszulassen und sich dem Risiko von Unbekanntem auszusetzen.

Zeichnen nach der menschlichen Figur bedeutet, an der Einzigartigkeit des Lebens teilzunehmen. Benützen Sie nicht einfach ein Modell, um zu lernen, sondern nehmen Sie zu einem Menschen eine lebendige Beziehung auf.
Nehmen Sie teil am Leben selbst. Lassen Sie sich vom Gesehenen führen, um es zu begreifen. Es ist unnötig zu wissen, wohin es Sie im einzelnen führt. Es führt Sie zum Verstehen.
Lernen Sie den Ort des Zeichnens als Ort der gegenseitigen Unterstützung und Achtung schätzen, besonders wenn Sie in der Gruppe arbeiten. Es ist deshalb wichtig, die Aufmerksamkeit der anderen nicht zu stören. Lernen Sie, Sorgfalt zu entwickeln im Umgang mit den eigenen Gefühlen, mit Mitzeichnenden und auch mit dem Material. Schaffen Sie, wie am Anfang des Buches erwähnt, Rituale für den Übergang vom geschäftigen Alltag zum Zeichnen. Räumen Sie Ihren Tisch auf, bereiten Sie den Arbeitsplatz vor, oder tun Sie andere kleine Dinge. Ich beginne meine Stunden immer wieder mit kürzeren oder längeren Übungen in Selbstwahrnehmung.

Betrachten Sie auch immer wieder die Zeichnung der anderen, und stellen Sie fest, wo Entwicklungen sichtbar werden. Anstatt Zeichnungen zu kritisieren, können Sie Entwicklungen und Anregendes erkennen. Freuen Sie sich mit am Fortschritt der anderen, und verstehen Sie diesen als Impuls für Ihren eigenen Weg. Geben Sie sich selbst und Ihren Zeichnungen jene Wertschätzung, die Sie auch anderen entgegenbringen.

DIE GEBÄRDE – DAS WESEN ERFÜHLEN

Jede Form wird geprägt durch das ihr innewohnende Wesen. Dieses tritt nicht direkt in Erscheinung und kann nur durch Spüren wahrgenommen werden. Es ist deshalb wichtiger weiterzugehen, als von außen her zu sehen. Stellen Sie hier nicht die Frage, wie etwas aussieht, sondern wie es sich anfühlt. Um das Wesen – die Gebärde – eines Körpers zu sehen, müssen wir den Raster durchbrechen, mit dem wir einen Körper gedanklich interpretieren. Nicht Körperteile werden kopiert, sondern die innere Energie wird als Ganzes sichtbar gemacht. Um diese zu spüren, müssen wir beim Sehen mit dem ganzen Körper beteiligt sein. Wir versuchen so, das Gesehene mit den eigenen Muskeln, mit dem gesamten Körper zu fühlen, um es zu verstehen. Die Gebärde – das Wesen der Form – entspricht dem inneren Impuls. Sie ist unsichtbar hinter dem Sichtbaren. Zeichnen Sie, um dieses Unsichtbare sichtbar zu machen, das Ganze in einem Zug, schnell und leidenschaftlich. Denken Sie dabei eher an Kritzeln, „Kribbeln“ oder Schreiben. Bilden Sie nicht ab, sondern versuchen Sie die innere Energie, das Wesen, den inneren Impuls, das Ganze vom Scheitel bis zur Sohle sichtbar zu machen. Schreiben-„kribbeln“ Sie wild, leidenschaftlich, lebendig, einfühlsam, risikofreudig, groß, klein, spürend, spielend. Die Gebärde einer Form zu zeichnen bedeutet zu tanzen mit der Linie, mit Ihrem Arm, der Hand. Es ist ein Spiel von Bewegungen, Rhythmen, Beziehungen, das Wesen berührend.

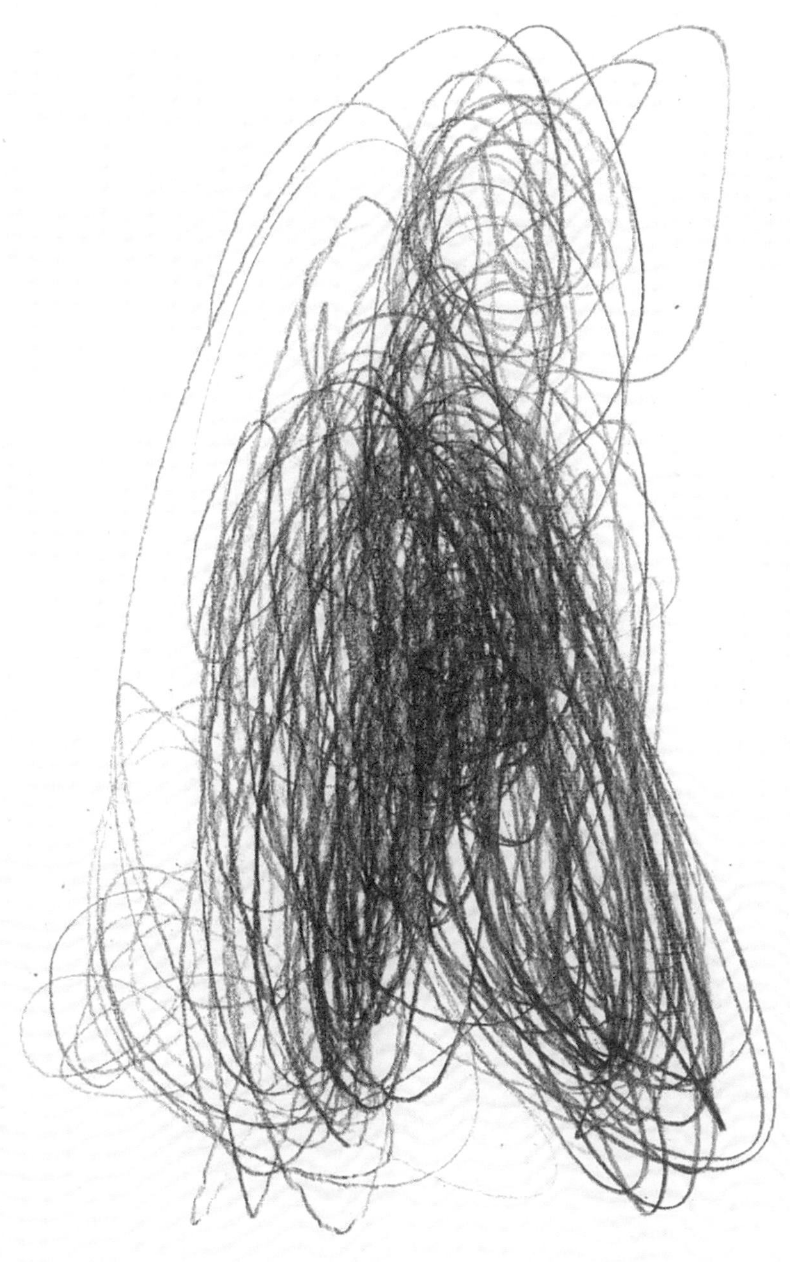

Aus der Konzentration auf den eigenen Körper entstehen Zeichnungen, die das Wesen als Ganzes sichtbar machen.

DIE GEBÄRDE – UNSICHTBARES SICHTBAR MACHEN

Übung 26

Benutzen Sie billiges Papier, unbedrucktes Zeitungspapier, weiche Graphitstifte, Kohlestifte, Tusche, Pinsel etc. Das Wesen einer Form ist unsichtbar und nur durch Spüren zu erfassen. Zeichnen Sie eine Körperpose in einer Linie, die in einem Zug alles vom Scheitel bis zur Sohle umfaßt. „Schreiben" Sie diese Linie schnell und ohne anzuhalten durch den gesamten Körper hindurch. Sie entspricht nicht dem Umriß, sondern macht innere Kräfte sichtbar: Energielinie, Kraftlinie, Charakterlinie, Wesenslinie, Bewegungslinie – Gebärde. Beobachten Sie verschiedene Posen eines Menschen, und spüren Sie die verschiedenen Ursachen und Wirkungen. Erleben Sie das Gesehene am eigenen Körper. „Schreiben" Sie danach schnell und leidenschaftlich diese gefühlte innere Energie als ein Ganzes. Die Linie bildet nicht ab, sondern ist die sichtbare Spur Ihrer körpereigenen Empfindung. Beobachten Sie jede Minute eine andere Pose, und fühlen Sie, bevor Sie zeichnen, das Gesehene am eigenen Leib. Wir setzen so das Äußere in Beziehung zum eigenen Inneren. „Zeichnen-schreiben" Sie in dieser Weise zwanzig bis dreißig verschiedene Posen in kurzem Rhythmus. Wiederholen Sie diese Übung immer wieder von neuem. Gebärdezeichnungen – auch von Gegenständen – bilden in meinem Unterricht immer wieder den Anfang. Sie wecken die Aufmerksamkeit des eigenen spürenden und zeichnenden Körpers. Posen können sich aus der momentanen Befindlichkeit, aus Spiel, Tanz, aus der Beziehung zum Raum und zu verschiedenen Gegenständen entwickeln.

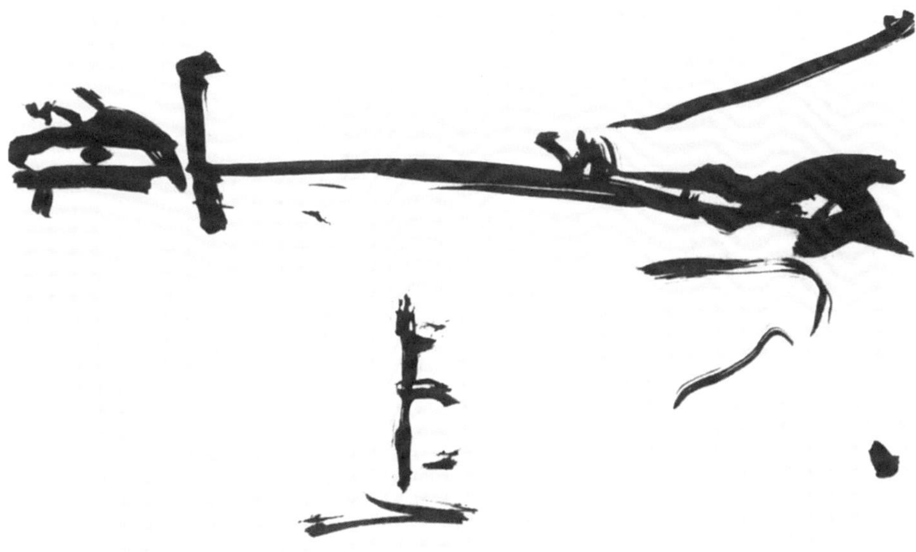

Die Gebärde – das Wesen – einer Landschaft.

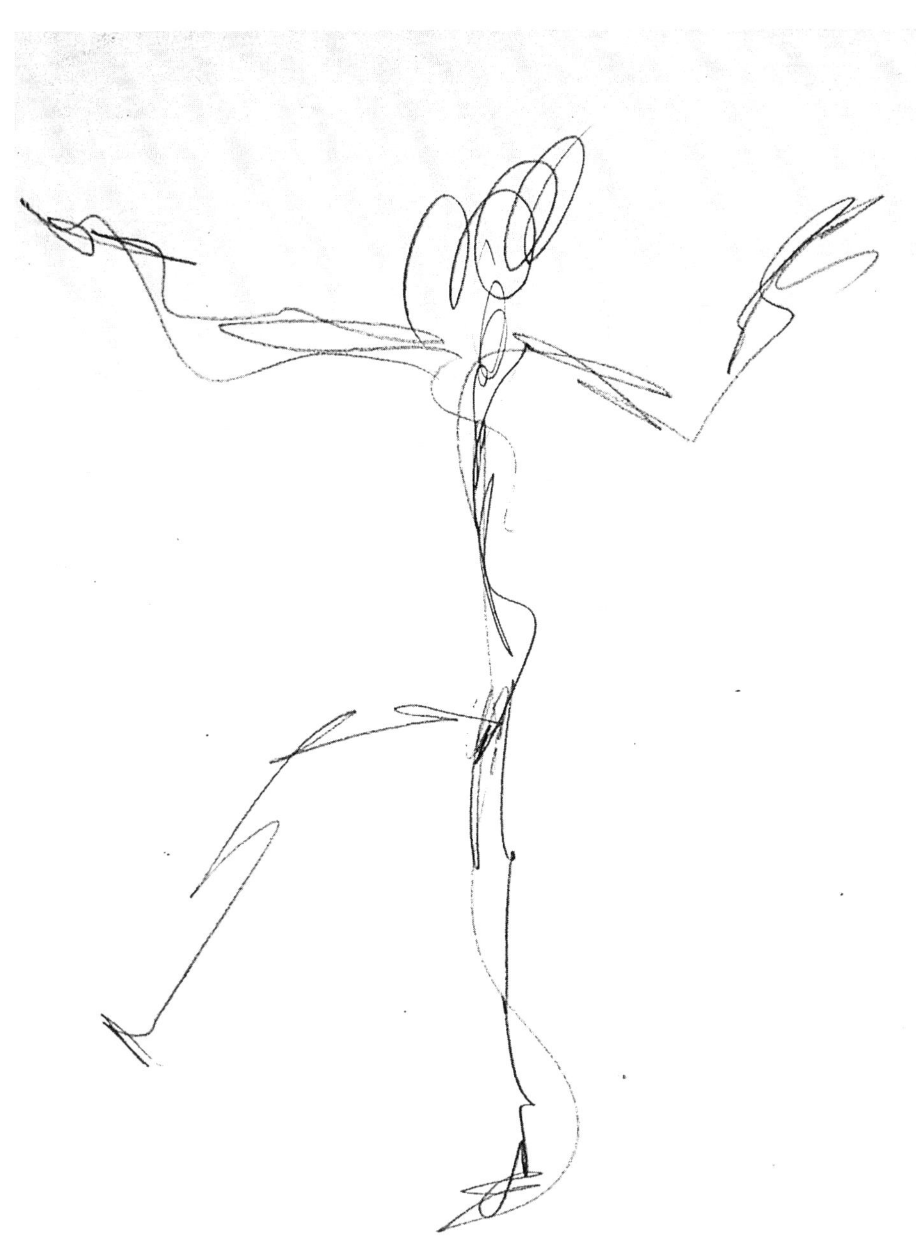

Das Wesen der Form – die gefühlte innere Energie als Ganzes.

UNSICHTBARE KRÄFTE SCHREIBEN

Übung 27

Nehmen Sie ein Tuch, und bedecken Sie damit das Papier. Zeichnen Sie mit Bleistift, Kohle und Graphitstiften oder mit dem Finger, mit Tusche, mit Graphitstaub. Beobachten Sie einen Körper, wie er alltägliche Handlungen mimt. Versuchen Sie das Gesehene im eigenen Körper zu spüren, wie fühlt es sich an? Schreiben Sie das Gespürte als Gebärde in einem Zug. In den ersten Sekunden soll das unsichtbare Wesen als Ganzes gezeichnet werden. Bilden Sie nicht das Gesehene ab, sondern das Gefühlte. Ergänzen Sie danach Ihre Zeichnung „kribbelnd-schreibend" (unter dem Tuch), und setzen Sie Zeichen für alles, was Sie sehen und am eigenen Körper spüren können. Versuchen Sie so, die Kräfte des Körpers sichtbar zu machen, das Starke, das Schwache, das Gespannte, das Entspannte, das Leichte, das Schwere, Richtungen und Bewegung. Konzentrieren Sie sich nicht auf Details. „Schreibenzeichnen" Sie jede Minute eine neue Position. Sehen Sie jeweils während einer halben Minute nur zu, ohne zu zeichnen, um sich Zeit zu lassen, das Gesehene intensiv am eigenen Körper zu spüren. Zeichnen bedeutet dann, mit den Kräften des eigenen Körpers auf Gesehenes zu reagieren. „Schreibend-zeichnen" meint hier, die am eigenen Körper gespürten Kräfte durch schnelles „Kritzeln" sichtbar zu machen. Ich verwende hier gerne das Wort „kribbeln", da dieses im Schweizerdeutsch sowohl ein Körpergefühl umschreibt als auch das Gefühl für das schnelle und leidenschaftliche Zeichnen ausdrückt.

SICH AM GESCHEHEN BETEILIGEN

Zeichnen Sie auch Gebärden mit selbstgemachten Instrumenten, mit tuschegetränkten Stoffresten, Papierknäueln, mit harten Pinseln, mit Holzstäbchen, mit dem Finger, mit Pflanzen, Gräsern, Federn usw. Mit ungewöhnlichen Werkzeugen erzeugen wir ungewöhnliche Spuren. Entdecken Sie den Reiz des Unbekannten, improvisieren und spielen Sie.
Lassen Sie sich zum Phantasieren anregen. Kribbelzeichnungen, die in großen Mengen entstehen, sind Studien. Benutzen Sie diese Zeichnungen auch, um mit Materialen zu experimentieren, durch Weiterzeichnen, Ergänzen, Übermalen etc.

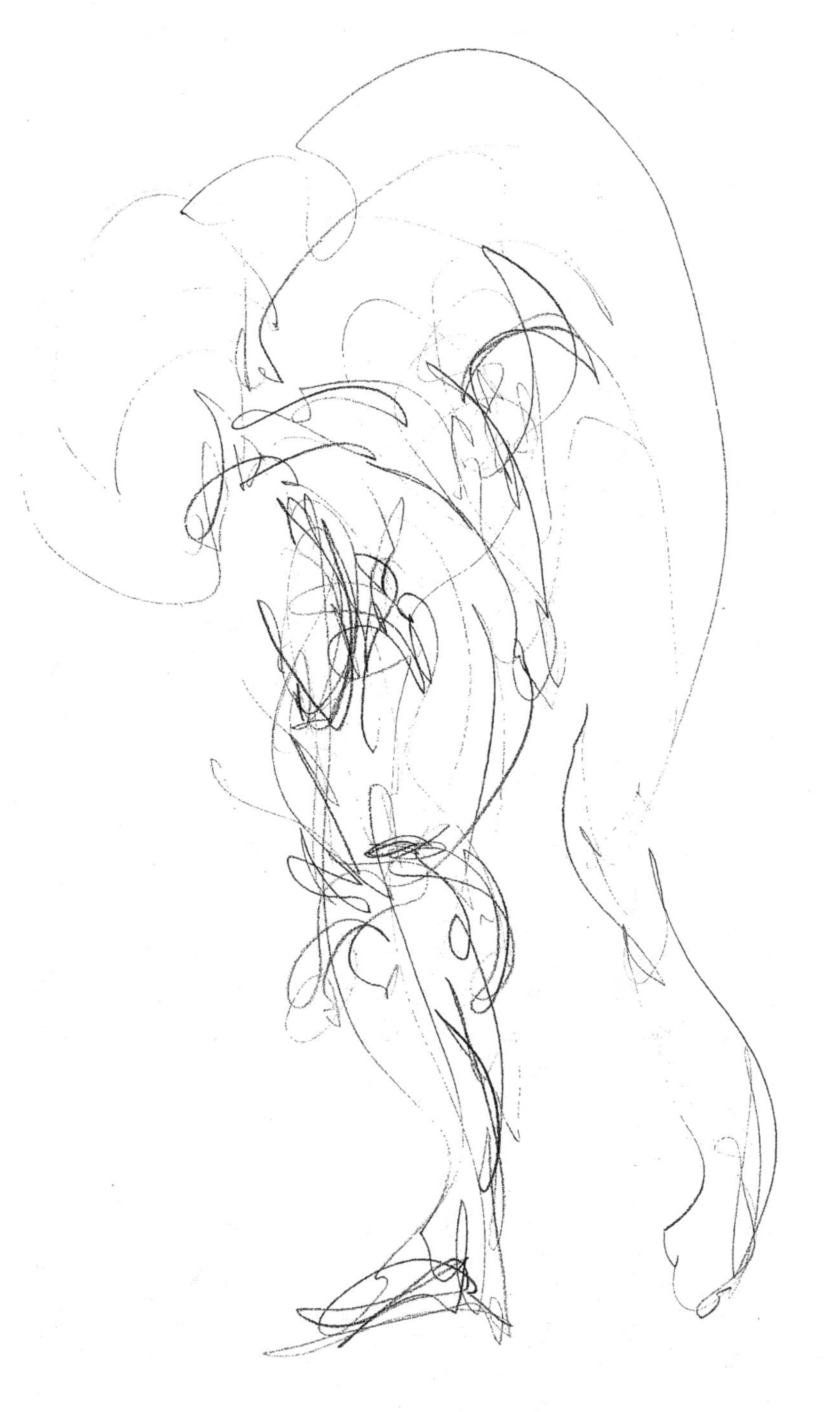

Das Wesen der Form – das Gesehene am eigenen Körper spüren.

Übung 28

Beobachten Sie einen Menschen, der sich in kurzem Rhythmus (eine Minute) von einer Pose in eine andere bewegt. Versuchen Sie, die Gebärden der verschiedenen Posen als Ganzes zu sehen. Zusehen heißt hier vorerst, sich mit dem eigenen Körper am Geschehen zu beteiligen. Wie fühlt sich das Gesehene an? Spüren Sie die Spannung in Ihrer eigenen Muskulatur, die Energie hinter dem Sichtbaren. Zeichnen Sie, indem Sie auf die Kräfte reagieren, die Sie am eigenen Körper fühlen. Schließen Sie immer wieder die Augen, und öffnen Sie sie für einen kurzen Augenblick, um die Gebärde im Inneren „nachleuchten" zu lassen. Kopieren Sie nicht, zeichnen Sie nicht, was es ist, sondern wie es sich anfühlt.

In den ersten Sekunden versuchen wir immer wieder, die Ganzheit von Scheitel bis Sohle sichtbar zu machen. Reagieren Sie dann auf das Leichte, auf das Schwere, auf Einzelformen, auf Richtungen und Bewegungen, auf die Kraft, auf das Angespannte, auf das Entspannte. Versuchen Sie, am eigenen Körper den inneren Impuls des Gesehenen nachzuspüren. Wie fühlt es sich an? Zeichnen Sie das Unsichtbare, das hinter dem Sichtbaren steht. Kribbeln Sie so große und kleine Zeichnungen mit verschiedensten Werkzeugen, und gestalten Sie ganze Blätter. Betrachten Sie auch Beispiele der Kunst und nehmen Sie diese als Impuls für Ihr eigenes Tun, z.B. Studien von Rodin, von Rembrandt, von Daumier, von Giacometti.

BEOBACHTEN DES BEOBACHTENS

Zeichnen bedeutet intensive und aufmerksame Teilnahme, erleben durch Achtsamkeit. Selbst wenn Sie schnell, wild und leidenschaftlich zeichnen, können Sie Sorgfalt im Wahrnehmen und Handeln erhalten. Beobachten Sie sich selbst beim Zeichnen, Ihre Gedanken, das, was in Ihrem Innern abläuft. Versuchen Sie, ohne Vorstellungen die Dinge so zu sehen, wie sie sind, und konzentrieren Sie sich auf das, was Sie fühlen. Beobachten Sie Ihre Beziehung zum Gesehenen, zu Ihrem Körper, zur Atmung, zur Hand, zum Finger, zum Stift, zum Papier, zum Raum, zu den Mitzeichnenden. Nehmen Sie Verspannungen in Ihrem Körper wahr und versuchen Sie, diese zu lösen. Entspannen Sie auch immer wieder Ihre Augen. Nehmen Sie am gesamten inneren und äußeren Geschehen teil, und beobachten Sie sich

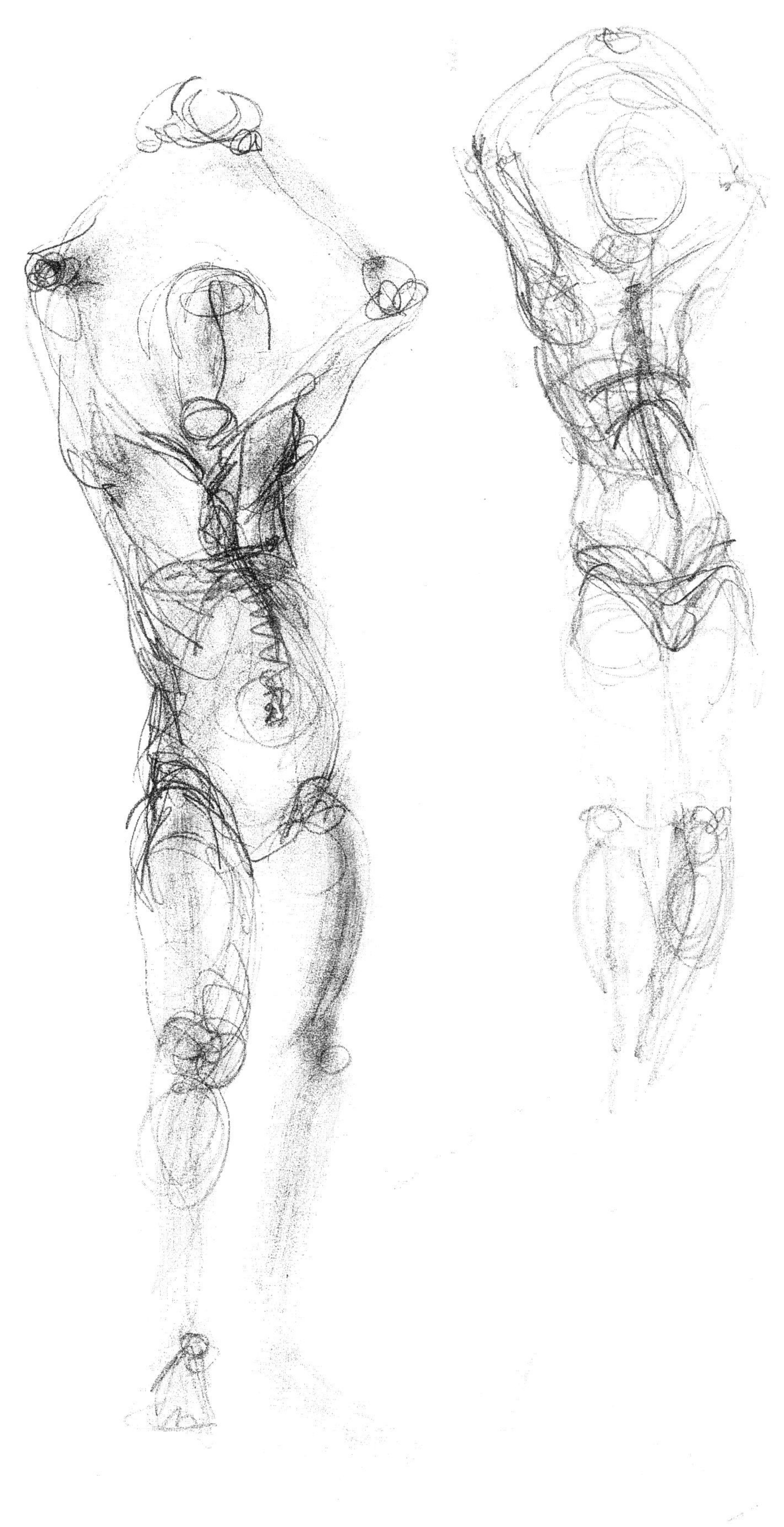

Das Wesen als Ganzes und die Gebärde von Körperteilen „schreiben-kribbeln".

selbst beim Beobachten. Achten Sie darauf, wie Sie sich selbst und Ihre Zeichnungen bewerten. Wie beeinflussen Ihre Erwartungen Ihr Tun. Vergessen Sie nicht, daß es sich beim Zeichnen auch um ein Spiel handelt – ein Spiel mit dem Material, mit dem Sehen, mit den Bewegungen Ihres Körpers.

Zeichnen kann viel mehr sein, als etwas abzubilden. Es ist der Versuch, die innere Natur der Dinge sichtbar zu machen. Die eigentliche Natur eines Körpers oder eines Gegenstandes eröffnet sich nicht den Augen, sondern dem Gefühl. Es ist deshalb nötig, achtsam zu werden, um zu verstehen, was Sie sehen. Zeichnen heißt auch, sich Raum zu schaffen für Ungewohntes – Freiheit im Erleben, Bewegen und Spielen. Beobachten sie Ihre Emotionen, Gedanken und Reaktionen. Zeichnen Sie auch immer wieder mit der ungewohnten Hand, oder halten Sie den Stift mit der Faust oder nur mit den Fingerspitzen, und geben Sie dem Werkzeug eigenen Spielraum, um Eigenes zur Zeichnung beizutragen. Zeichnen Sie durch den Körper und nicht mit dem Körper. Beobachten Sie Ihre Gewohnheiten und wie Sie diese verändern können. Erlauben Sie sich, zeichnend alles zu sagen und alles zu tun, wie ungewöhnlich und sonderbar es anfangs auch sein mag.

DIE GESAMTHEIT ERLEBEN

Das Wesen einer Form zu erfassen heißt, das Wesentliche intuitiv zu spüren, mit dem eigenen Körper unmittelbar am Geschehen beteiligt zu sein.

Übung 29

Betrachten Sie einen Körper in seiner Gesamtheit, wie er Positionen mimt, die von einer Absicht bestimmt sind: etwas aufheben, einen Stein werfen, stemmen, schlagen, schreiten, sich schützen, kauern etc. Fühlen Sie die spezifische Energie des Körpers, die hinter dem Sichtbaren steht. Zeichnen Sie dann kribbelnd, möglichst ohne auf das Papier zu schauen und fühlen Sie das Gesehene am eigenen Leib. Durch diese innere Beteiligung können Sie verstehen, was Sie sehen.
Zeichnen Sie mit der Beteiligung Ihres ganzen Körpers, und konzentrieren Sie sich immer wieder auf das Ganze. In den ersten Sekunden – es

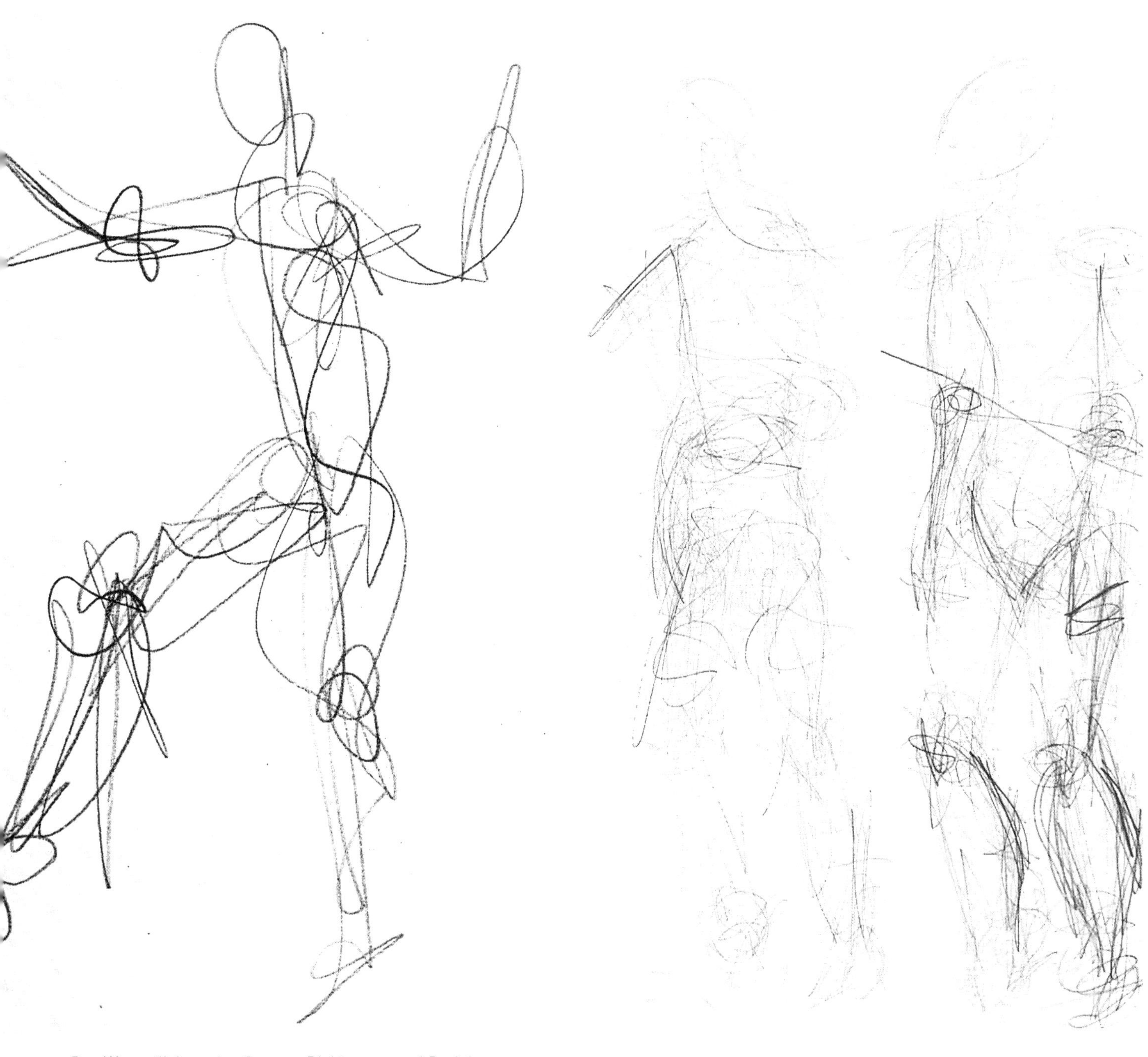

Das Wesentliche – das Ganze – Richtungen und Beziehungen.

*„Erkennen heißt nicht zerlegen, auch nicht erklären. Es heißt,
Zugang zur Schau zu finden. Aber um zu schauen,
muß man erst teilnehmen. Das ist eine harte Lehre."*

Antoine de Saint-Exupéry

ist unwichtig, wo die Zeichnung beginnt – soll das Wesen der Form als Ganzes sichtbar gemacht werden. Zeichnen Sie keine Details, denken Sie eher an ein tänzerisches Mitschreiben der Pose, spielerisch, einfühlsam, aufmerksam.
In unserer Sprache verwenden wir Bilder, die das Wesen einer Form zum Ausdruck bringen. Zum Beispiel: Steif wie ein Stock; elastisch wie ein Gummiband, die Trauerweide ... Formen lösen Gefühle und Erinnerungen aus. Finden Sie Analogien für Gesehenes, woran erinnert es, welche Gefühle löst es aus? Erleben Sie eine Pose auch mit dem inneren Gehör als Klang. Ordnen Sie der Pose eine Farbe zu. Zeichnen Sie aus diesem inneren Erleben, schnell und lebendig.

TROCKENZEICHNEN

Selbst ohne zu zeichnen, können Sie das Wesen der Dinge erleben und die Gebärde von Formen lesen. Die Gebärde zu erkennen und zu spüren bedeutet, das Wesentliche der Dinge, ihre Ganzheit, zu sehen.

Übung 30

Benützen Sie Papier mit rauher Oberfläche, Graphitstaub (diesen können Sie mit Schleifpapier und Bleistift selber herstellen), Bleistifte usw. Beobachten Sie einen Körper, eine Pose, und spüren Sie die Energie als ein Ganzes. Nehmen Sie mit Ihrem Körper Spannung, Entspannung, Bewegung, die innere Linie wahr, welche Scheitel und Sohle verbindet. Versuchen Sie, das Gesehene am eigenen Körper zu spüren. „Schreiben" Sie dann diese innere Linie mit dem Finger in einem Zug zuerst in die Luft und danach auf das Papier. Dieses „Trockenzeichnen" – ohne Spuren zu hinterlassen – stellt eine Beziehung her zwischen dem Gesehenen, dem eigenen Körper und der Zeichnung. So existiert die Zeichnung bereits, bevor sie sichtbar wird.

Zeichnen Sie die Gebärde eines Menschen in einem Zug mit Finger und Graphitstaub, und machen Sie so das Ganze sichtbar. Ergänzen Sie dann Ihre Zeichnung mit dem Stift, indem Sie sich auf die Verteilung der Kräfte konzentrieren. Reagieren Sie auf das Starke und auf das Schwache, auf Gespanntes und Entspanntes, und passen Sie den Druck des Stiftes Ihrer körpereigenen Wahrnehmung an. Betonen Sie Kräftiges

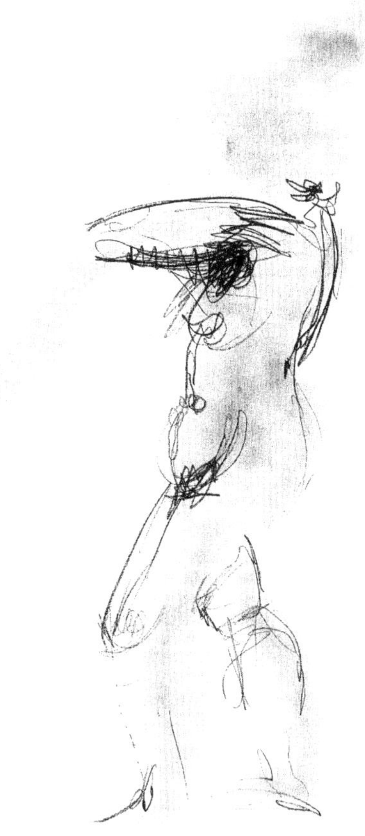

Kräfte …

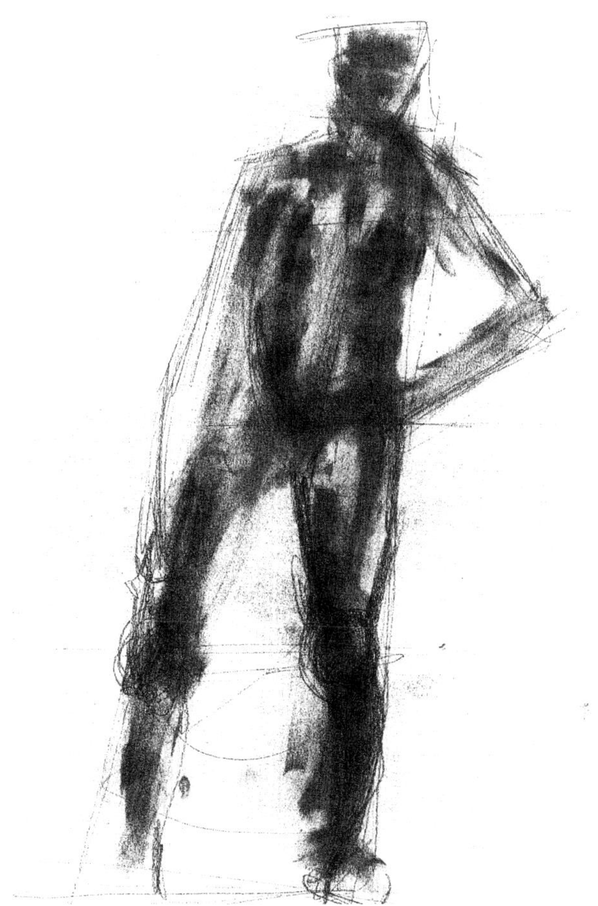

… und Beziehungen sichtbar machen.

mit mehr, Weiches mit weniger Druck. Zeichnen Sie zirka zehn verschiedene Positionen in 20 Minuten. Machen Sie so die Verteilung der Kräfte sichtbar. Fragen Sie sich: Wie nehme ich die Spannung am eigenen Körper wahr?

MIT DRAHT ZEICHNEN

Gebärdezeichnungen erinnern mich oft an Knäuel, Linienbündel, Drahtgeflecht. Anstatt mit Stiften zu zeichnen, können Sie versuchen, das Gespürte einer Pose direkt mit Draht zu „modellieren". Dadurch wird das Verständnis für den Körper-Raum entwickelt. Mit Draht zu modellieren bedeutet, nicht nur die Fläche zu beachten, sondern das Vorne und das Hinten, das Rundherum mitzuerleben und mitzugestalten.

Übung 31

Benutzen Sie dünnen Draht und beobachten Sie einen Körper, wie er sich langsam aus einer kompakten, zusammengekauerten Pose entfaltet und in den Raum auszugreifen beginnt. Modellieren Sie diese Bewegung im Raum, den Körper als Ganzes mit Draht. Arbeiten Sie schnell. Beobachten Sie danach Schattenwirkungen dieser Drahtskulptur, und nehmen Sie diese Schattenbilder erneut als Anlaß zum Zeichnen. Lassen Sie sich davon anregen zu einer freien, kribbelnden, forschenden, modellierenden Linie, die sowohl den Körper von Scheitel bis Sohle als auch das Vorne und Hinten, den Raum erfaßt. Zeichnen und „modellieren" Sie hier nie länger als 2 Minuten.

DIE INNERE NATUR EINER SACHE SICHTBAR MACHEN

Wir haben bis jetzt vom Wesen oder von der Gebärde der Form in Beziehung zum menschlichen Körper gesprochen. Jede Form beinhaltet jedoch diese Gebärde. Sie ist die „Absicht", die hinter dem Sichtbaren steht. Die Gebärde macht die innere Natur eines Gegenstandes sichtbar.

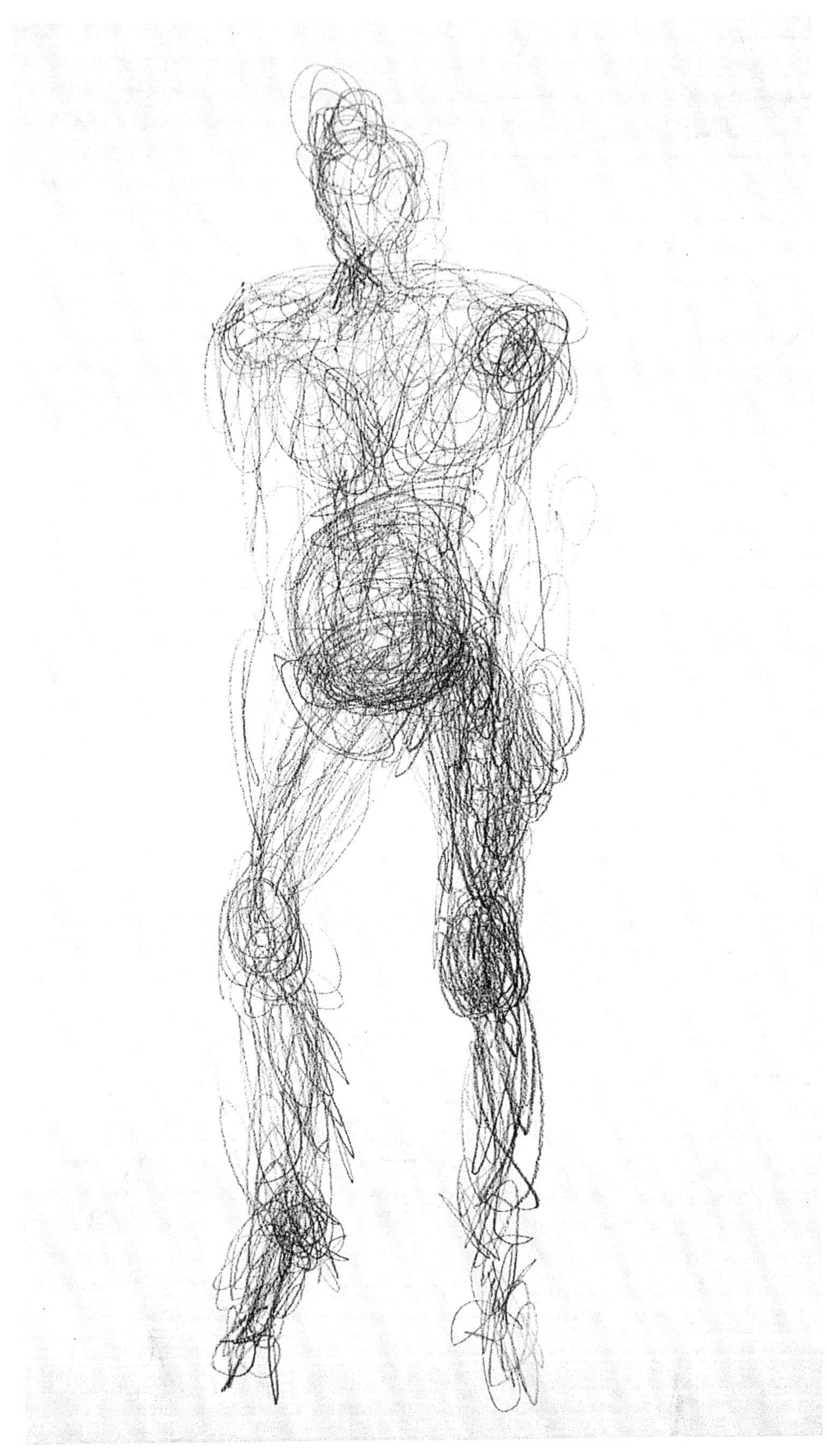

Übung 32

Beobachten Sie verschiedene Gegenstände. Nehmen Sie die Gebärde wahr – das Wesen der Dinge, das, was hinter dem Sichtbaren liegt. „Schreiben, kribbeln" Sie es in einem Zug. Das Wesen eines Kruges, eines Stuhles, einer Pflanze etc. Beobachten Sie auch Naturformen, und spüren Sie deren Wesen. Das Wesen einer Pflanze ist die Energie ihrer inneren Natur, dem Licht entgegenzuwachsen.
Zeichnen Sie nicht, wie es aussieht, sondern wie Sie den inneren Impuls des Wachsens am eigenen Körper spüren.
Konzentrieren Sie sich beim Zeichnen auf die Form als Ganzes. Zeichnen Sie schnell, ohne Unterbruch, und lassen Sie alle Richtungen, Bewegungen, Beziehungen, alles was Sie sehen und spüren, in Ihre Kribbelzeichnung einfließen.

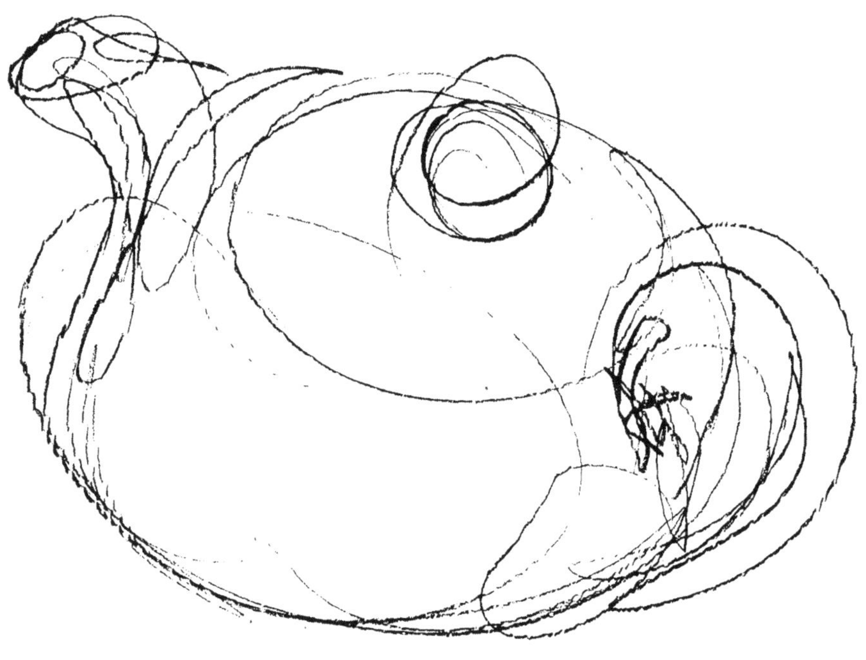

Das Wesen der Form – keine Kopie, sondern sichtbare Erfahrung.

Versuchen Sie auch bei Gegenständen, das Wesen im eigenen Körper zu erleben. Gehen Sie nicht vom Verstehen aus, sondern vom Fühlen. Zeichnen Sie, um zu verstehen. Das Wesen eines Kruges ist die Gebärde der Leere, um aufzunehmen und zu spenden.

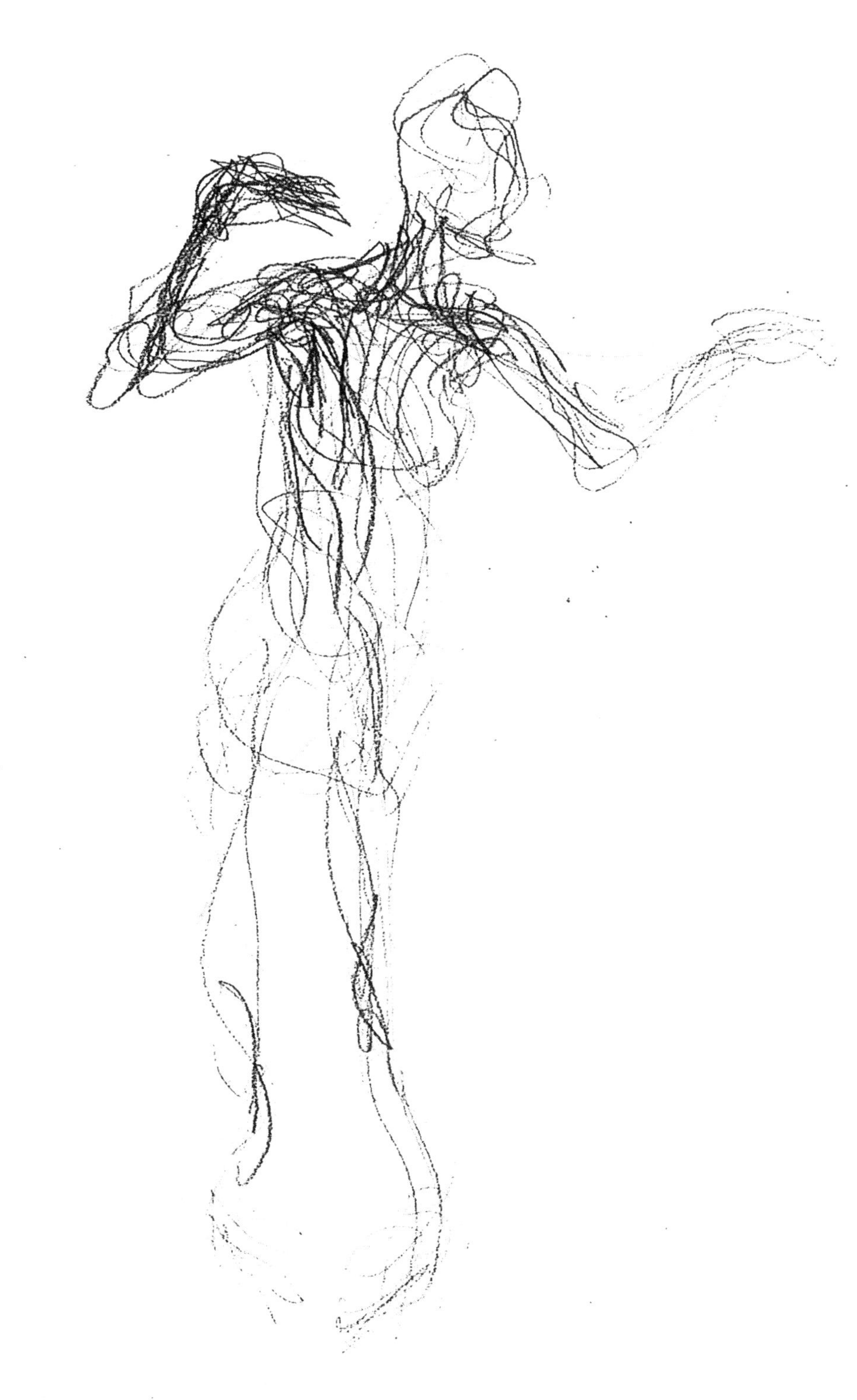

Das Wesentliche erfassen heißt, die inneren Kräfte am eigenen Körper zu spüren.

BEWEGUNGSZEICHNEN

Übung 33

Benutzen Sie billiges Papier, verschiedene Stifte, Graphit-, Bleistifte etc. Ein Mensch bewegt sich im Ein-Minuten-Takt von einer Pose in eine andere. Beobachten Sie den Körper, und stellen Sie sich vor, was die nächste Pose sein wird. Zeichnen Sie nicht, was Sie sehen, sondern das, was kommen könnte. Fühlen Sie sich ein in den Bewegungsimpuls, und stellen Sie sich vor, was für den Körper möglich ist. Benutzen Sie Ihre Vorstellungskraft anhand des eigenen Körpergefühls. Es geht nicht wirklich darum zu erraten, was die nächste Bewegung sein wird, sondern darum, im eigenen Körper das Mögliche zu spüren und das Gesehene mit sich selbst in Beziehung zu bringen. „Schreiben" Sie das Erahnte, das Mögliche als Gebärde, in einem Zug, ohne an formale Richtigkeit zu denken.

Zeichnen heißt Fragen stellen, zuhören, sich ergreifen lassen. Zeichnen Sie aus dem Ergriffensein davon, was Ihnen ein Gegenstand, ein Gesicht, ein Körper sagt. Beobachten Sie auch sich selbst im Spiegel, nehmen Sie verschiedene Ausdrücke an, und „schreiben" Sie diese in schnellen, kribbelnden Zeichnungen. „Hören" Sie sehend das, was Ihnen Ihr Gesicht sagt, erfahren Sie Neues und Unbekanntes.

SICH VON ERFAHRUNG FÜHREN LASSEN

Übung 34

Lassen Sie sich beim Zeichnen auch von Ihrer Lebenserfahrung und Ihren Erinnerungen führen.
Benutzen Sie z.B. Graphitstaub, Watte, Graphitstifte, Radiergummi etc. Zeichnen Sie beidhändig und starten Sie kribbelnd, zeichnend, ohne zu wissen, wohin Sie die Zeichnung führt. Beginnen Sie etwas auf das Papier zu setzen und dann darüber- und weiterzuzeichnen. Erleben Sie, wie durch die Zeichenspuren Ihre Erinnerungs- und Vorstellungsfähigkeit angeregt wird. Konzentrieren Sie sich ganz auf Ihr Tun. Sie beginnen Formen zu sehen – ein Körper oder Körperfragmente tauchen in diesen Spuren auf. Reagieren, zeichnen, assoziieren Sie und ergänzen

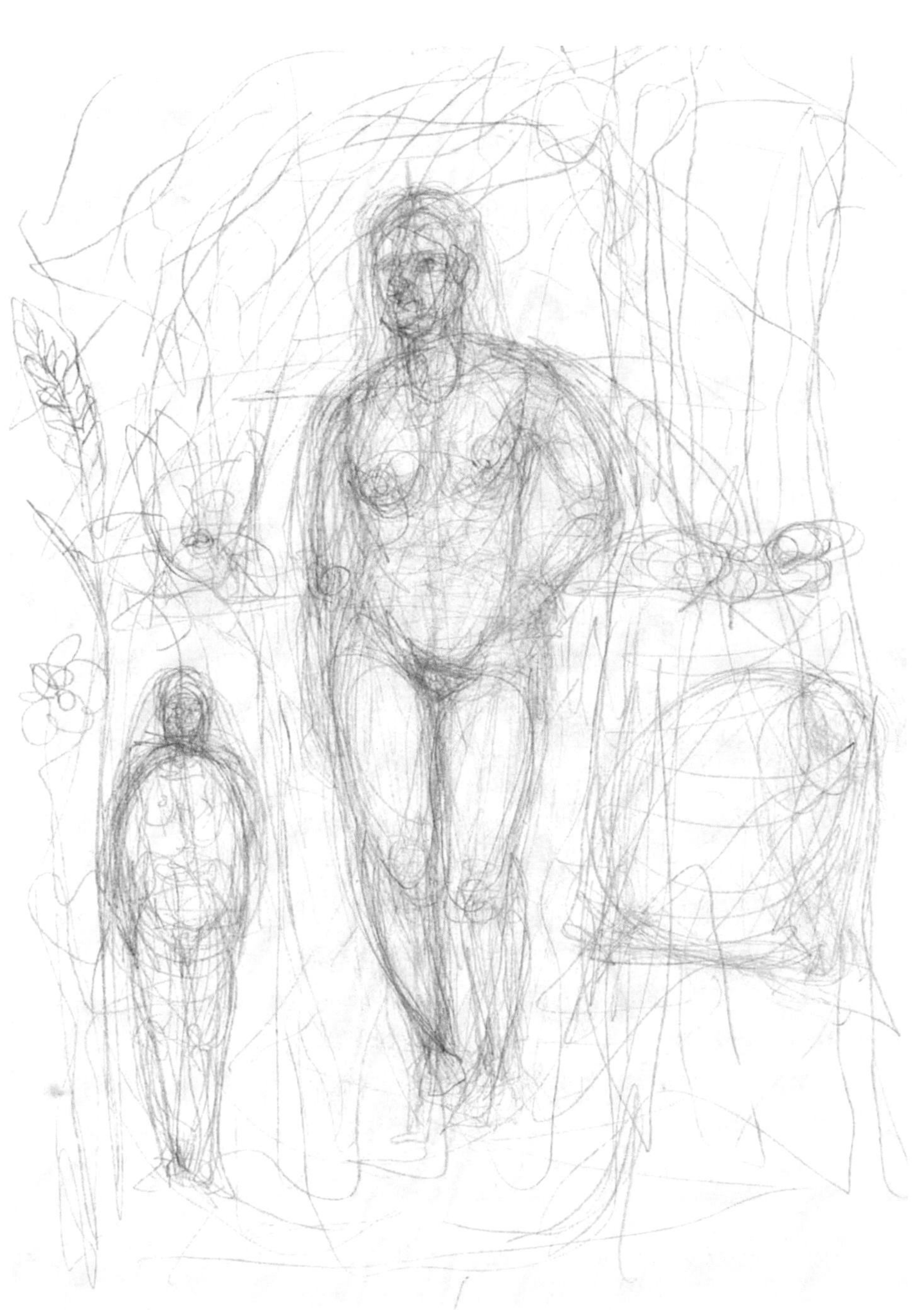

Das Ganze, Grundformen, Erinnerungen und Emotionen .

„Wahrnehmen ist ein wesentlicher Lebensprozeß und muß erlebt, nicht bedacht werden."

Otto Schärli

Sie diese Spuren aus dem Erinnern. Ergänzen Sie zeichnend diese Bildfragmente. Arbeiten und Spielen sind hier nicht getrennt voneinander. Zeichnen Sie, indem Sie auf das Beste hoffen und mit Ihrer ganzen Energie und Aufmerksamkeit dabei sind.

Gebärdezeichnungen schaffen den Sinn für das Ganze. Sie sind Spuren aus Einfühlung und Erinnerung. Reduzieren Sie die Zeichnungen auf das Wesentliche. Benützen Sie zum Zeichnen auch Ausschnitte aus Zeitschriften, Fotos, Kunstwerke, oder zeichnen Sie im Dunkeln, beim Fernsehen, im Theater, kurz, schnell, kribbelnd. Die Zeichnungen sollen nicht forciert werden. Lassen Sie die wahrgenommenen Kräfte sich selber schreiben und ordnen.

DIE ENTDECKUNG DER LEBENDIGKEIT

Übung 35

Zeichnen Sie schreibend Posen, indem Sie nur die wirkenden Kräfte mit wenigen Pinselstrichen sichtbar machen. Erleben Sie diese Kräfte am eigenen Leib. So setzen Sie Sichtbares in Beziehung zum Spüren. Zeichnen Sie mit dem Pinsel schnell und trotzdem voller Aufmerksamkeit. Reduzieren Sie von Zeichnung zu Zeichnung die Anzahl der Pinselstriche, bis Sie das Wesentliche in einem Zug erfassen.

Zeichnen Sie nur das, was Sie wirklich erspüren können. Lösen Sie sich immer wieder von Ideen, Vorstellungen und der Absicht zu kopieren. Beobachten Sie beim Zeichnen Ihre Gedanken. Akzeptieren Sie innere Widerstände, und geben Sie sich gleichzeitig Raum, neue Erfahrungen zu machen. Ganz bewußt nenne ich diese Zeichnungen nicht Skizzen. Sie sind nicht Entwürfe oder Vorarbeiten, sondern Ausdruck Ihrer Teilnahme in diesem Augenblick. Sie sind nicht darauf angelegt, schön zu sein. Machen Sie keinen Unterschied zwischen wichtigen und unwichtigen Zeichnungen. Versuchen Sie, alles, was Sie tun, mit der gleichen Achtsamkeit anzugehen. Beurteilen Sie diese Zeichnungen nicht, sondern fragen Sie nur, was Sie vom Wesen der Dinge berühren konnten. Aus der gezeichneten Linie kann das Unaussprechliche momenthaft aufleuchten. Berühren Sie mit Ihrem Stift die inneren Kräfte, die Sie am eigenen Körper spüren. Zeichnen

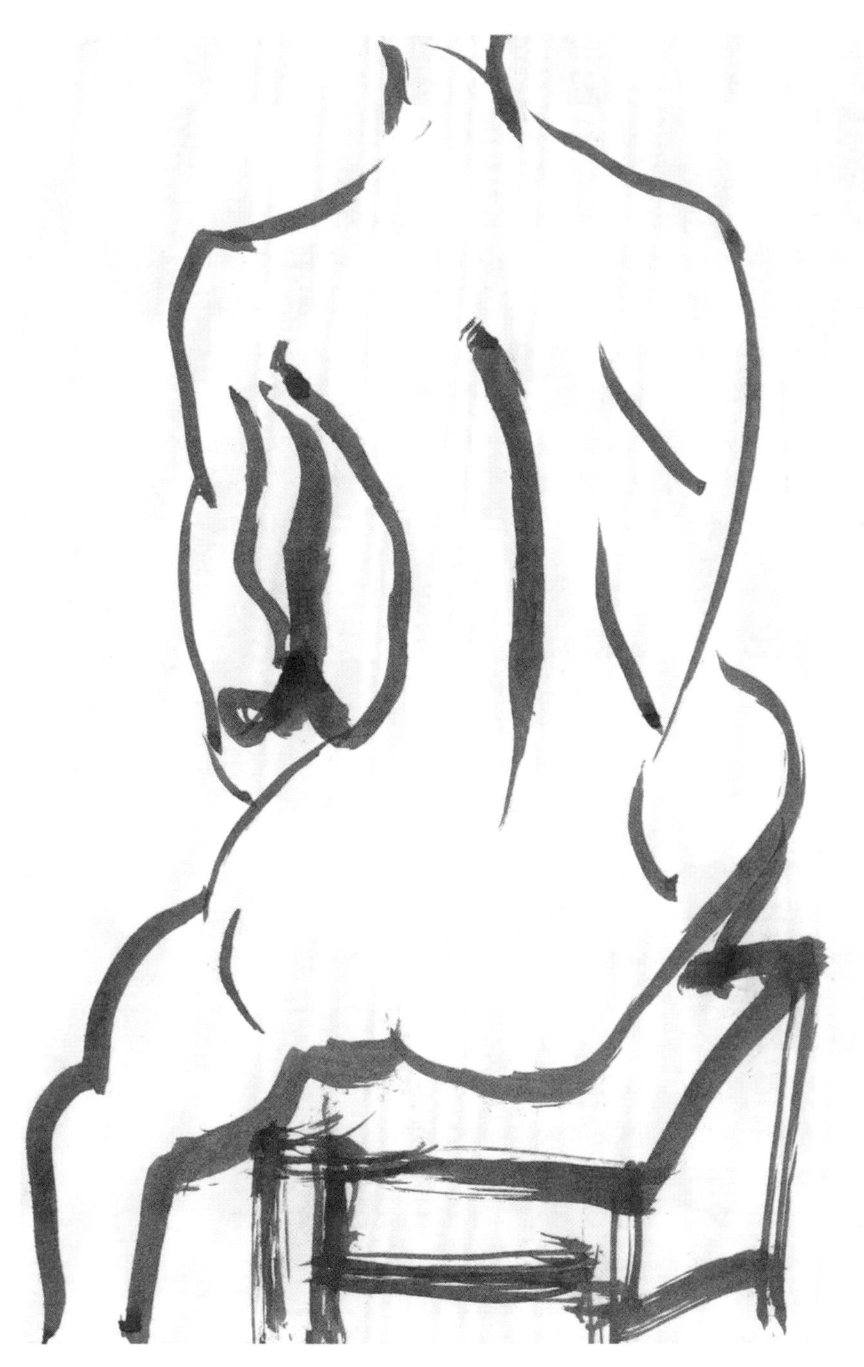

„Der Mensch sieht nur das klar in der Außenwelt,
was er mit dem Lichte seines Inneren bestrahlen kann.“

Rudolf Steiner

heißt hier, Lebendiges sichtbar zu machen, daran teilzunehmen und die Entdeckung der eigenen Lebendigkeit zur ersten Priorität zu machen.

Spielen Sie mit den Bewegungen, den Möglichkeiten der Instrumente, des Materials und des Papiers. Zeichnen Sie beidhändig, abwechselnd. Variieren Sie den Druck des Stiftes, und passen Sie die Intensität der Linien den Kräften, den Helligkeiten, dem Innen und dem Außen an. Konzentrieren Sie sich auch auf Richtungen, Proportionen, Achsen, Distanzen, Beziehungen, und lassen Sie diese Erfahrungen in den Zeichnungen sichtbar werden.

DER KÖRPER ALS GANZES – UND SEINE TEILE

Übung 36

Verwenden Sie für diese Studien billiges Papier, um sich so möglichst frei zu fühlen und nicht auf Resultate hin zu arbeiten. Gestalten Sie Blätter mit mehreren Zeichnungen. Lassen Sie diese auch als Fragmente stehen, oder überzeichnen Sie bereits Gezeichnetes. So entstehen neue, unerwartete Kombinationen.

Verhüllen Sie einen Körper mit einem Tuch (elastisches Fixleintuch), und beobachten Sie diese „Skulptur" als Ganzes. Nehmen Sie Falten zwischen Scheitel und Sohle als Anlaß, und zeichnen Sie diese Skulptur von oben bis unten in einem Zug. Denken Sie dabei nicht an Abbilden, aber versuchen Sie das Rundherum, das Ausgreifen, die Bewegung im Raum zu spüren und mitzuzeichnen. Erleben Sie das Verhüllte als Ganzes.

Der Körper beginnt sich zu enthüllen. Langsam lösen sich einzelne Körperteile aus der Verhüllung heraus. Reagieren Sie auf diese Teile gebärdehaft, lebendig, schnell, kribbelnd. Zeichnen Sie den Rhythmus, die Richtungen, die Bewegungen; gehen Sie dabei immer intensiver auf einzelne und kleinere Körperteile ein. Erleben Sie die Vielfalt der Formen in ihrer Beziehung zum Ganzen. Integrieren Sie auch den Boden, die Umgebung, den Raum. Setzen Sie Spuren für all das, was Sie sehen und mit Ihrem Körper spüren können. Gehen Sie mehr und mehr auf Nuancen und Bewegungsänderungen ein. Sehen Sie hier möglichst nicht auf das Papier, und lassen Sie Freude zu an diesem ungewohnten und spielerischen Tun. Ergänzen und variieren Sie diese Übung,

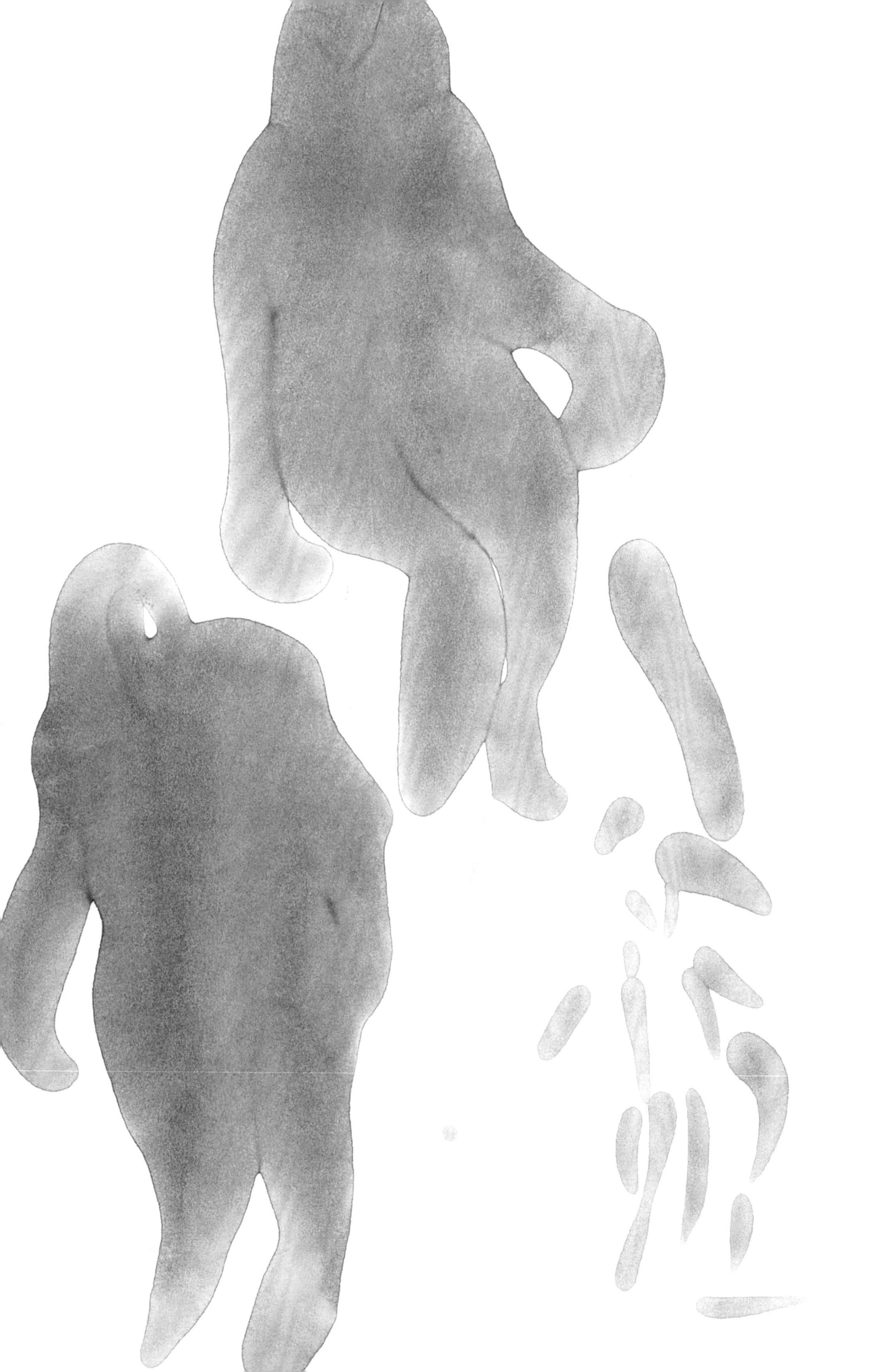

bedecken Sie z.B. einen Körper teilweise, um die einzelnen Teile genauer zu sehen. Benutzen Sie dazu die Möglichkeiten des Raumes – eine Türe, eine Wand etc.

ERINNERUNGSZEICHEN

Übung 37

Verwenden Sie für Gebärdezeichnungen immer wieder verschiedene Instrumente, Bleistifte, Kugelschreiber, Kohle, auch dicke Pinsel und Tusche, damit Sie sich nicht an Einzelheiten aufhalten. Das Wichtigste ist das Erlebnis des Ganzen und das Spüren am eigenen Körper. Zeichnen Sie wild, leidenschaftlich, schnell, lebendig.

Beobachten Sie einen Menschen während zwei Minuten. Spüren Sie, was Sie sehen, mit Ihrem eigenen Körper, mit Ihrer Muskulatur. Lassen Sie sich Zeit, und zeichnen Sie danach mit geschlossenen Augen aus der körpereigenen Erinnerung, indem Sie die Pose als Ganzes kribbeln. Lassen Sie so Ihre eigenen Körperempfindungen erinnernd-schreibend-zeichnen. Zeichnen Sie spontan aus dem Erleben und Spüren, die Erinnerung Ihres Körpers und orientieren Sie sich am inneren Bild.

Übung 38

Benutzen Sie farbige Stifte, A3/A2-Formate. Ohne zu zeichnen, beobachten wir den langsamen Bewegungsablauf eines Körpers, der nacheinander drei bis fünf verschiedene Positionen einnimmt. Diese entwickeln sich langsam aus der jeweils vorangegangenen heraus. Nehmen Sie sehend mit Ihrem eigenen Körper an diesem Geschehen teil. Denken Sie nicht daran, diesen Ablauf auswendig zu lernen. Zeichnen Sie danach die Posen aus der körpereigenen Erinnerung, das, was vom Beobachten und Erleben übriggeblieben ist. Aus der inneren Beteiligung unseres Körpers entwickelt sich Vorstellungsvermögen und Verständnis für Bewegungen, die für den Körper möglich sind. Selbst wenn Sie glauben, sich nicht erinnern zu können, beginnen Sie einfach zu kribbeln. Vertrauen Sie Ihrem Tun, spüren Sie Ihren eigenen Körper. Beginnen Sie irgendwo, und lassen Sie sich durch das Zeichnen an das erinnern, was aus diesen Beobachtungen geblieben ist. Es geht nicht darum zu erinnern, um zu zeichnen, zeichnen Sie, um zu erinnern.

Wechseln Sie im Verlauf des Zeichnens die Farben. So können Sie verschiedene Positionen festhalten. Zeichnen Sie vom Hellen zum Dunkeln. Gehen Sie immer mehr auf Einzelformen, Details, Bewegungen, Richtungen und Rhythmen ein.

SELBER GESETZE ERKENNEN

Analysieren bedeutet, Dinge auseinanderzunehmen. Zeichnen aber ist ein intuitiver Weg. Es ist dabei nicht nötig, von Konstruktionen und Schemen auszugehen. Einseitiges, auf technisches Können und Wissen ausgerichtetes Lernen führt zu einem Formalismus, der nicht vom Erleben und von der Erfahrung ausgeht, sondern vom Beherrschen. Konstruktion vernichtet jedes authentische Erfahren. Zeichnen ist organisches Leben – Ergebnis aus Sehen und Spüren, die Verbindung von Augen, Kopf, Herz und Hand. Nicht die Abbildung ist das Wichtigste, sondern die Entwicklung der Erlebnis- und Sinnesfähigkeit. Wenn Sie das Gesehene im eigenen Körper spüren, ist die Zeichnung bereits vorhanden, bevor sie sichtbar wird. Richtungen, Dimensionen, Kräfte und Proportionen erfassen Sie so intuitiv aufgrund Ihrer aufmerksamen Teilnahme. Machen Sie sich deshalb keine Gedanken über Richtigkeit oder Können. Wenn Sie in dieser Weise zu zeichnen beginnen, setzen Sie Ihr Können frei, und Entwicklung wird als Ausdruck Ihrer fortschreitenden Erlebnis- und Wahrnehmungsfähigkeit sichtbar. Sinn durch Sinnestätigkeit.
Zwar spreche ich vom Üben, meine damit aber die Entwicklung von Konzentration und Achtsamkeit. Durch die Schulung der aufmerksamen Teilnahme und durch die immer wieder neu gestellten Fragen an das Sehen entdecken Sie intuitiv die Gesetze des Zeichnens. Zeichnen Sie nicht, um Gesetze anzuwenden, sondern um solche zu entdecken. Es ist jedoch anregend, sich durch das Betrachten von Kunstwerken und die Sicht von Künstlern und Künstlerinnen anregen zu lassen. Achten Sie aber darauf, nicht Kunst nachzuahmen, sondern erleben Sie darin die Weltsicht der Künstler. Kunst ist authentische Äußerung von Lebenserfahrung und spiegelt den Verlauf von Entwicklungen. Beginnen Sie beim Zeichnen da, wo auch Künstler und Künstlerinnen begonnen haben. Lassen Sie sich Zeit für Ihr eigenes Erleben und Experimentieren. Machen Sie im Zeichnen Ihre eigenen Entdeckungen sichtbar. Nutzen Sie die Möglichkeit, einen Menschen zu zeichnen, als eine intensive Form von Nähe, Erfahrung und verbindender Beziehung, die in Ausdruck mündet.

BEWEGUNG DES KÖRPERS IM RAUM

Übung 39

Verwenden Sie A2- oder A3-Formate, diverse Zeichenstifte, evtl. Farbstifte, Pinsel. Beobachten Sie einen Menschen, wie er sich langsam um die eigene Achse dreht, und sehen Sie, wie sich dabei seine Form verändert. Konzentrieren Sie sich zuerst nur auf die senkrechten Linien, später auf die waagrechten. Nehmen Sie Beziehung zu dieser permanenten Veränderung auf, und zeichnen Sie in einer endlosen Linie mit. Beim Zeichnen führt Sie hier die Wandlung des Körpers, sie wird zum Impuls, der Ihr Zeichnen bestimmt. Lassen Sie die Linie sehen, tasten, berühren, sich verändern, verwandeln, ohne Absicht zu kopieren. Versuchen Sie, die Schwierigkeiten, die durch die andauernde Veränderung entstehen, wahrzunehmen und zu akzeptieren. Es gibt hier nichts festzuhalten, nichts Bestimmtes. Zeichnen bedeutet, keine feste Position einzunehmen.

Wenn es Ihnen gelingt, unmittelbar im Geschehen zu sein, kann sich aus Ihrem Tun echte Freude entwickeln. Zeichnen Sie von Augenblick zu Augenblick, es gibt keine starren Formen, werden Sie Teil dieses Wandels. Lernen Sie, Ihre Zeichnungen aufgrund ihrer lebendigen Linienqualität zu schätzen.

Übung 40

Variieren Sie die vorhergehende Übung, indem Sie sich selbst um einen Menschen herum bewegen. Zeichnen Sie den Körper von allen Seiten her in einer einzigen Zeichnung. Erleben Sie Augenblick für Augenblick Neues, entdecken Sie Unterschiedliches. So können Sie auch Bekanntem immer wieder neu begegnen und die Dynamik von Veränderung entdecken.

VON BILDERN LERNEN

Übung 41

Projizieren Sie im abgedunkelten Raum Dias von Körpern, von Gesichtern, Händen, Porträts, Zeichnungen, Detailstudien. Zeichnen Sie dazu im Dunkeln gebärdenhaft, schnell und impulsiv. Kribbeln Sie das Gesehene zuerst als Ganzes in einem Zug. Benutzen Sie zum Zeichnen beide Hände, Kohle, verschiedene Stifte, Graphitstaub, die Finger. Spielen Sie zeichnend mit den Motiven. Konzentrieren Sie sich zuerst nur auf das Wesenhafte. Immer mehr können später Einzelformen in die Zeichnungen einfließen, obwohl Sie großzügig und wild zeichnen. Zeichnen Sie immer wieder auch die Gebärde Ihres eigenen Gesichtes im Spiegel, und erleben Sie Ihr Gesicht jedesmal neu.
Zeichnen heißt hier, mit dem Stift zu tanzen, mitzuschwingen mit den inneren und äußeren Bewegungen und Rhythmen. Denken Sie nicht an Abbilden. Machen Sie in diesen lebendigen, spontanen Studien Zusammenhänge sichtbar.

DIE LINIE SIEHT – DIE LINIE TASTET

Wenn wir die Distanz des kopierenden Blickes durch Berührung überwinden, stellt sich Nähe ein. Sehen kann zum Tasten werden. Sehen im Sinn von Tasten erfordert Konzentration, Langsamkeit und Aufmerksamkeit. Die Augen beginnen Formen zu berühren, tasten einen Körper ab und nehmen in intensiver Weise wahr. Stellen Sie sich vor, mit der Spitze des Stiftes das Gesehene zu berühren, als ob Sie direkt auf der Form zeichnen würden. „Tasten" Sie langsam mit dem Stift einen Körper ab, jede Bewegung, jede Veränderung, Schritt für Schritt. Dabei zeichnet sich gleichzeitig die tastend-sehende Linie, ohne willentliches Zutun, ganz von selbst. Kümmern Sie sich nicht um Ihre Zeichnung, sie ist die Spur Ihres tastenden Sehens, ein Geschenk Ihrer Augen, Ihrer Hand, Ihrer Achtsamkeit. Zeichnen Sie langsam, geduldig, in einer aufmerksamen Beziehung.
Dieses konzentrierte Sehen-Tasten-Zeichnen bedeutet aber nicht, angestrengt zu versuchen, es richtig zu machen. Sie werden sonst schon nach fünf Minuten verspannt und müde sein. Konzentration bedeutet, einfach dazusein und sich selbst in diesem tastenden Sehen zu vergessen. Richten Sie Ihre Bemühungen nicht auf ein Resultat.

Es besteht keine Notwendigkeit, alles zu sehen und sich anzustrengen. Erleben Sie im tastenden Sehen die Einmaligkeit der Dinge, und sagen Sie einfach Ja zu dem, was Sie tastend-sehend berühren. Zeichnen Sie nur dann, wenn Ihr Blick nicht auf das Papier gerichtet ist. Die Übungen zum tastenden Sehen nehmen in diesem Buch viel Raum ein. Ich sehe darin eine ganz besondere Möglichkeit, die Wahrnehmung als Lebensprozeß zu erleben. Dieses tastende Sehen wird Ihre Zeichnung von einem Augenblick auf den anderen verändern, weil Sie Ihre lebendige Beziehung unmittelbar sichtbar macht. Denken Sie nicht daran, eine „gute" Zeichnung zu machen. Geben Sie einfach Ihr Bestes, das, was in diesem Augenblick möglich ist (siehe Übungen 20/21/22).
Benutzen Sie für das tastende Sehen verschiedene Instrumente, wie Minenstifte, Bleistifte, Federhalter, Kugelschreiber etc. Zeichnen Sie auf verschiedene Formate, sowohl von ganz nah als auch aus der Ferne, Ausschnitte, Details, ganze Menschen. Es ist unmöglich, beim tastenden Sehen alles zu berühren. Denken Sie nicht daran, jede Einzelheit wahrzunehmen, sondern konzentrieren Sie sich ausschließlich auf das, was Sie gerade tun. Variieren Sie das Tempo, um so mehr oder weniger Einzelformen zu berühren. Verlangsamen Sie das Sehen zu einem Zeitlupensehen, damit sich das Gefühl von Verbundenheit einstellen kann.

ZEICHNEN – BERÜHREN

Übung 42

Setzen Sie sich in die Nähe zu einem Menschen, und stellen Sie sich vor, ihn mit Ihren Augen „abzutasten", mit dem Finger Konturen zu berühren. Spüren Sie diese sehend-tastende Berührung, und beschreiben Sie in Gedanken die Bewegung der Linien. Dabei geht es nicht um ein Benennen, sondern um das Beschreiben des Tastens: Bewegungen, Farben, Hartes, Weiches, Richtungen, Richtungsänderungen. Beginnen Sie dann „tastend" zu zeichnen, indem Sie sich vorstellen, den Körper mit dem Stift zu „berühren". Das Wichtigste ist die intensive Empfindung vom Berühren. Sehen-Tasten-Zeichnen werden eins. Wie wir den Körper tastend „berühren", werden auch wir vom Körper berührt. So zeichnet sich auf dieser tastend-sehenden Wanderung alles, was Sie „berühren" können. Sehen Sie dabei nicht auf das Papier. Die Zeichnung ist die unmittelbare Spur Ihrer Wahrnehmung.

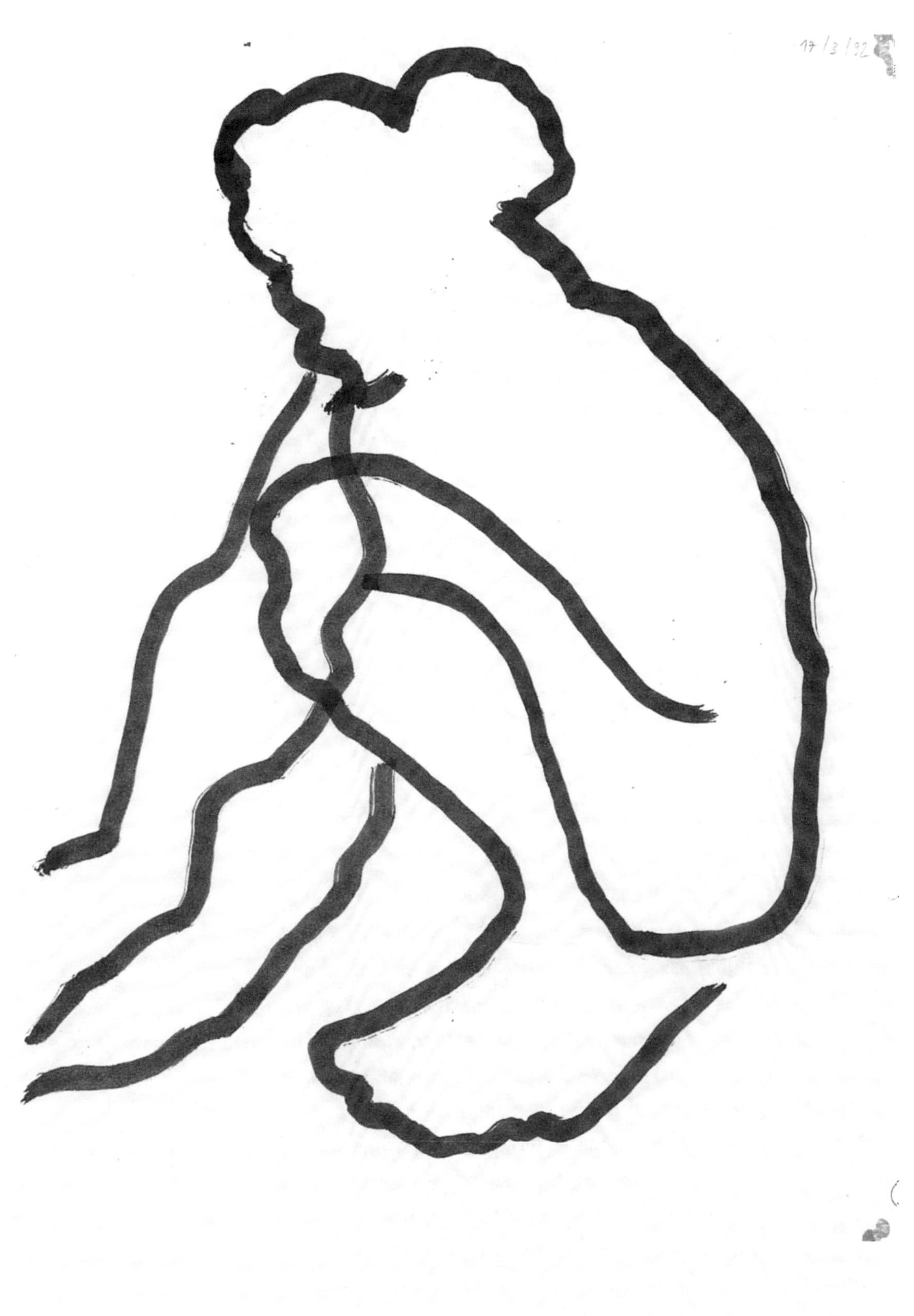

Zeichnen – tasten, mit den Augen den Körper berühren.

Übung 43

Um sich von Vorstellungen zu lösen und ganz entspannt zu bleiben, sich nicht auf ein Resultat hin zu fixieren, kann es hilfreich sein, das Papier mit einem weichen Tuch zu bedecken. So werden Sie nicht abgelenkt vom kontrollierenden Blick. Zeichnen Sie während mindestens 15 Minuten erneut mit der Vorstellung, das Gesehene mit dem Stift in einer endlos tastenden Linie zu berühren. Lassen Sie sich überraschen von den sehend-tastenden Linien, die unter dem Tuch entstehen. Geben

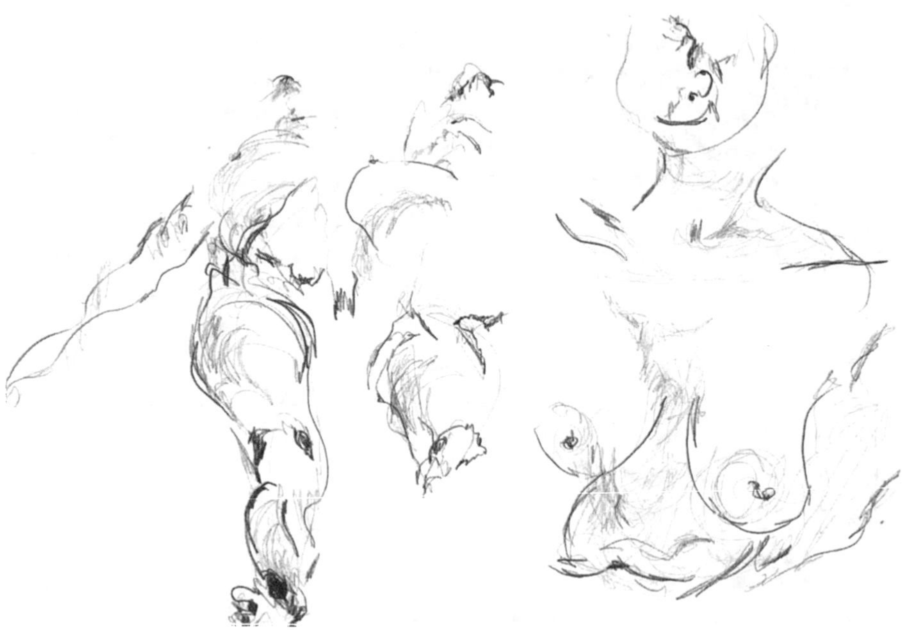

Die Augen tasten – die Linien „sehen" – Spuren der Achtsamkeit, ohne auf das Papier zu sehen.

Sie sich einen zeitlichen Rahmen für dieses aufmerksame Tun. Sehen Sie z.B. während 10 Minuten nicht unter das Tuch – im Sinne einer Abmachung mit sich selbst. So wächst die Spannung, und Ihre Geduld entwickelt sich. Freuen Sie sich an der Vielfalt der berührten Formen und an der Sensibilität der tastenden Linien. Am Anfang werden Sie noch irritiert sein, da sich starke Verzerrungen ergeben. Stören Sie sich nicht daran. Es geht nicht um Kopieren, sondern um die Spuren Ihres Sehens. Entwickeln Sie Vertrauen in Ihre Augen und Ihre Hand. Zeichnen Sie nie schneller, als Sie „tasten" können. Zeichnen Sie das, was Ihr Stift, Ihre sehend-tastenden Augen berühren. Vertrauen Sie Ihrem Körper, Ihren Augen, Ihrer Hand. Lösen Sie Verspannungen des Nackens und der Schulter. Später lassen Sie das Tuch weg und beginnen, die tastenden Linien auf dem Papier immer mehr zu koordinieren. Achten Sie aber darauf, nur dann zu zeichnen, wenn Sie nicht auf das

Papier sehen. Stellen Sie sich die Frage: Wie fühlt sich die Berührung an, was ertasten meine Augen? Die Zeichnung ist die Antwort, die Spur Ihres tastenden Sehens, Ausdruck Ihres wachsenden Vertrauens in die großartigen Fähigkeiten Ihrer Sinnesorgane. Sie ergibt sich aus Stille und Aufmerksamkeit. Geben Sie Ihrer Hand, Ihren Augen, dem Stift, dem Papier eine Rolle. Der Stift wird zum berührenden Finger, das Papier zu berührten Haut, die Stille zum Raum Ihres Erlebens. Arbeiten Sie mit dieser Vorstellung.

NÄHE UND DISTANZ

Übung 44

Beobachten Sie einen Körper oder einen Ausschnitt daraus und beginnen Sie, diesen „sehend-tastend" zu zeichnen. Wechseln Sie dabei alle fünf Minuten die Distanz zum Körper. Zeichnen Sie so Nahes und Fernes. Reagieren Sie auf die Einzelformen in der Nähe und auf die Gesamtform in der Distanz. Sie können mit verändertem Druck auf Helles und Dunkles, auf Hartes und Weiches eingehen. Die gezeichneten Linien machen Ihr tastendes Sehen sichtbar.
In diesem Sehen lenken wir unsere Aufmerksamkeit voll und ganz in eine Richtung. Zwar scheint dieses Berühren und Tasten eine Einschränkung des Sehens zu sein, aber in Wirklichkeit handelt es sich um eine Form von höchster Anwesenheit, um voll, ganz, ungeteilt zu sehen und zu begegnen.

ZEICHNEN – MIT DEN AUGEN WANDERN

Übung 45

Konzentrieren Sie sich und „betasten" Sie einen Körper mit Ihren Augen. Berühren Sie in der Vorstellung mit dem Stift die Umrißlinien, und nehmen Sie Beziehung auf mit dem, was sich zwischen den Konturlinien abspielt. „Sehen-tasten" Sie so die Innenformen eines Körpers (Binnenkonturen), und erleben Sie die Bewegung im Raum. Betasten Sie auch die Ränder von Schatten. „Bewandern" Sie den Körper tastend-sehend in alle Richtungen. Die Linie bewegt sich,

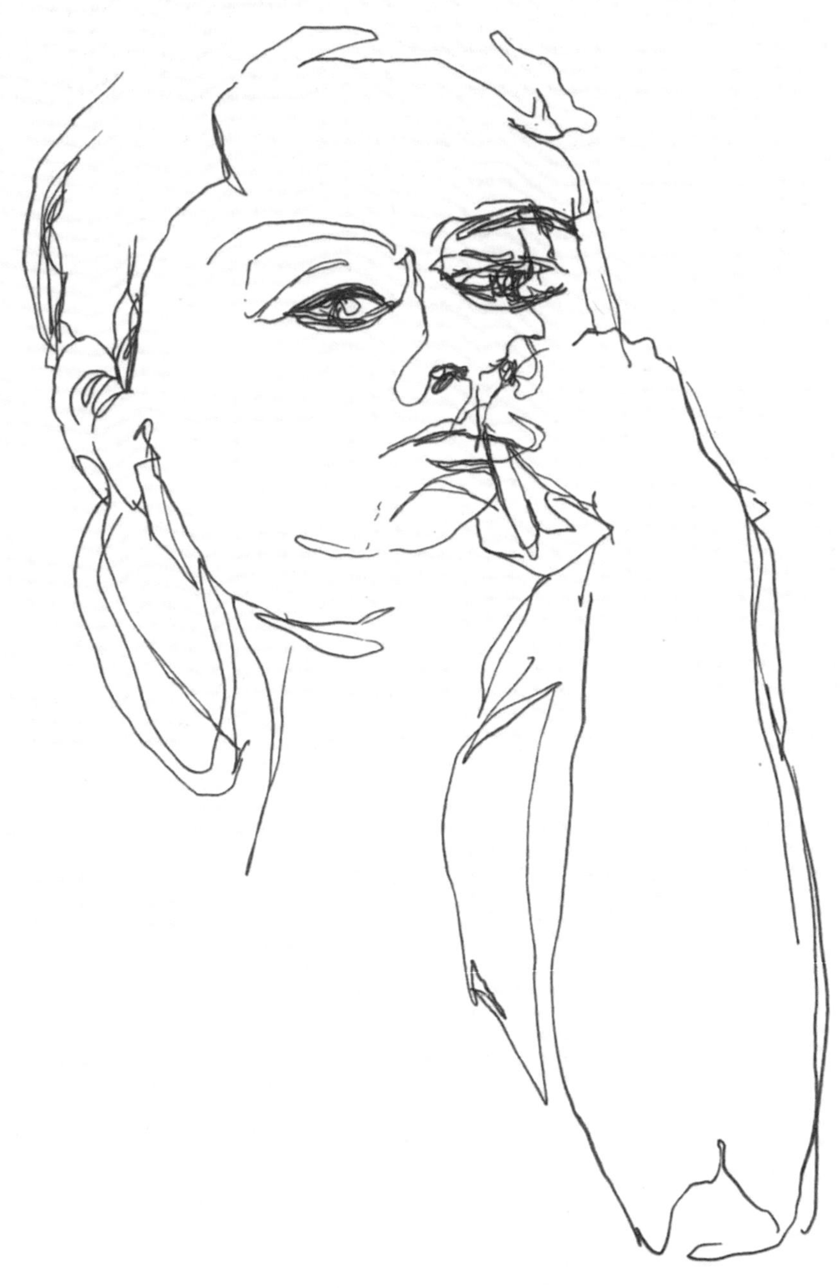

Sehen – die Realität berühren, wie sie uns begegnet.

krümmt sich, kommt aus dem Raum heraus, geht in den Raum hinein, verzweigt sich, ändert die Richtung etc. Erleben Sie die Veränderung im Raum, reagieren Sie auch auf das Vorne und Hinten, indem Sie den Druck beim tastenden Zeichnen verstärken oder abschwächen. Zeichnen Sie so in den Raum (in das Papier hinein) – aus dem Raum (aus dem Papier heraus). Vertrauen Sie ganz Ihren tastend-sehenden Augen. Seien Sie einfach Zeuge dieser berührenden Wahrnehmung im Raum.

Üben Sie dieses tastende Sehen immer wieder, und entwickeln Sie Ihren persönlichen Rhythmus, um später auch den Blick auf die Zeichnung zu koordinieren. Lassen Sie sich vom Gesehenen erzählen, was es zu zeichnen gibt, lassen Sie sich vom Berühren führen.

SICH IM SPIEGEL BETASTEN

Übung 46

Ergänzen Sie Ihre Morgentoilette mit einem Spiel. Um sich zeichnend selbst zu begegnen, betrachten Sie Ihr Gesicht im Spiegel und stellen sich vor, sich selbst mit dem Stift zu „betasten". Sagen Sie einfach Ja zu dem, was Sie sehen, und zeichnen Sie, ohne auf das Papier zu schauen. Es gibt hier keinen Anspruch an ein schönes Porträt. Im Vordergrund stehen die Begegnung mit sich selbst und das Üben des tastenden Sehens. Zeichnen Sie sich selbst in diesem Sinn während mehrerer Tage, und erleben Sie dabei, wie sich Ihre Zeichnungen verändern. Achten Sie darauf, auch hier nicht einem mechanischen Tun zu verfallen, sondern immer wieder neu die Frage zu stellen: Was werde ich sehen. Zeichnen Sie jeweils während 5–10 Minuten.

MIT DER UNGEWOHNTEN HAND ZEICHNEN

Übung 47

Betrachten Sie einzelne Körperteile und zeichnen Sie diese „sehend-tastend" mit der ungewohnten Hand. In dieser Beziehung aus Achtsamkeit, Langsamkeit und Tasten schreibt sich Ihre Subjektivität von selbst mit. Ihre Zeichnungen entwickeln so nicht nur einen hohen Gehalt an Ausdruck, sondern spiegeln Ihre Beziehung in einer lebendigen, vielfältigen, ausdrucksstarken und sensiblen Spur. Das Zeichnen mit der ungewohnten Hand kann freier und absichtsloser werden, da diese Hand nicht an Leistung gebunden ist. Lassen Sie sich durch die ungewohnten Versuche irritieren, und lernen Sie Irritation als Möglichkeit zur Entwicklung kennen. Finden Sie Vertrauen in Ihr Sehen und den Mut für eigenen persönlichen Ausdruck. Verändern, variieren und erfinden Sie eigene neue Übungen.

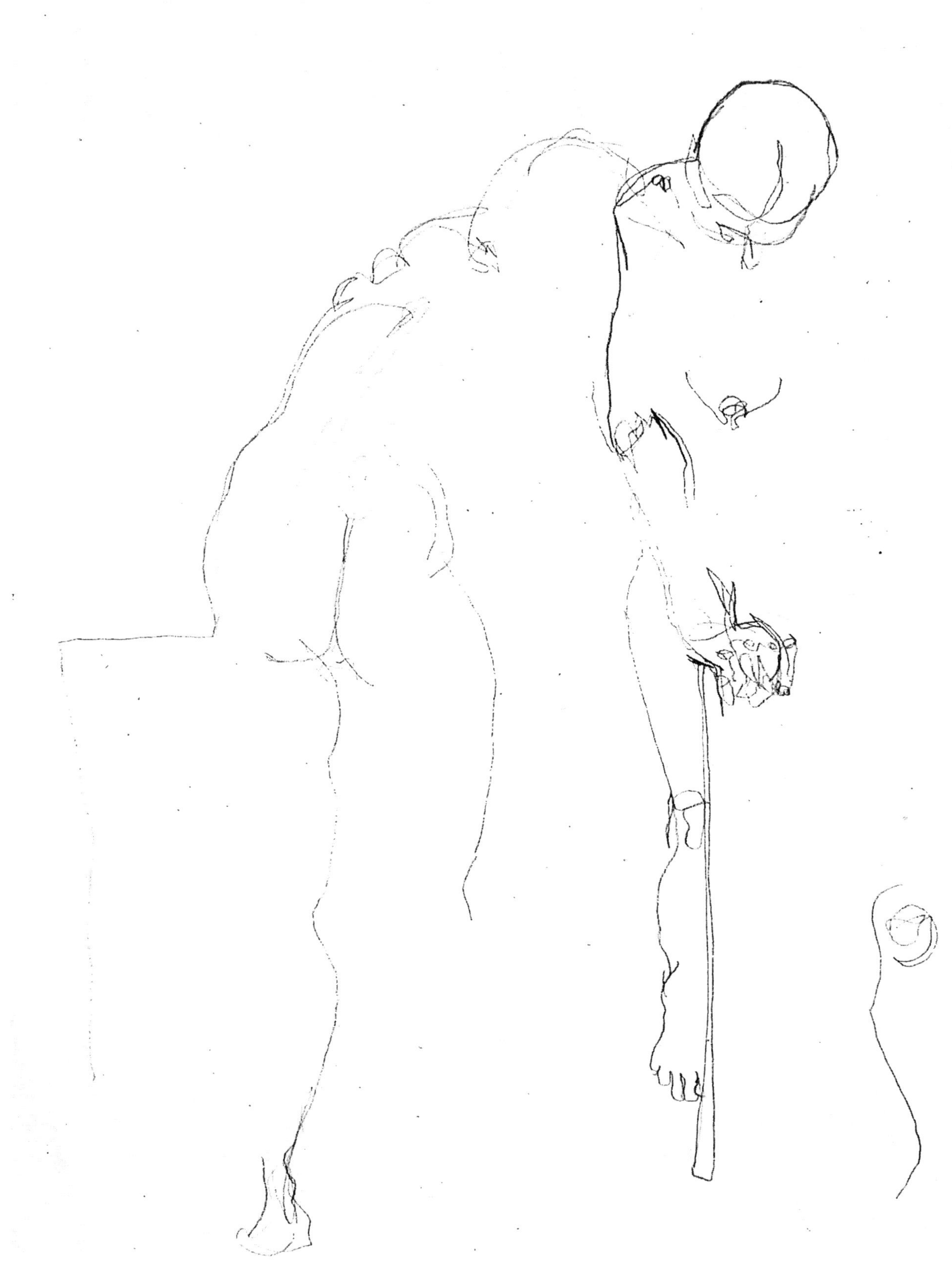

Von Scheitel bis Sohle. Die Linie tastet – die Linie sieht.

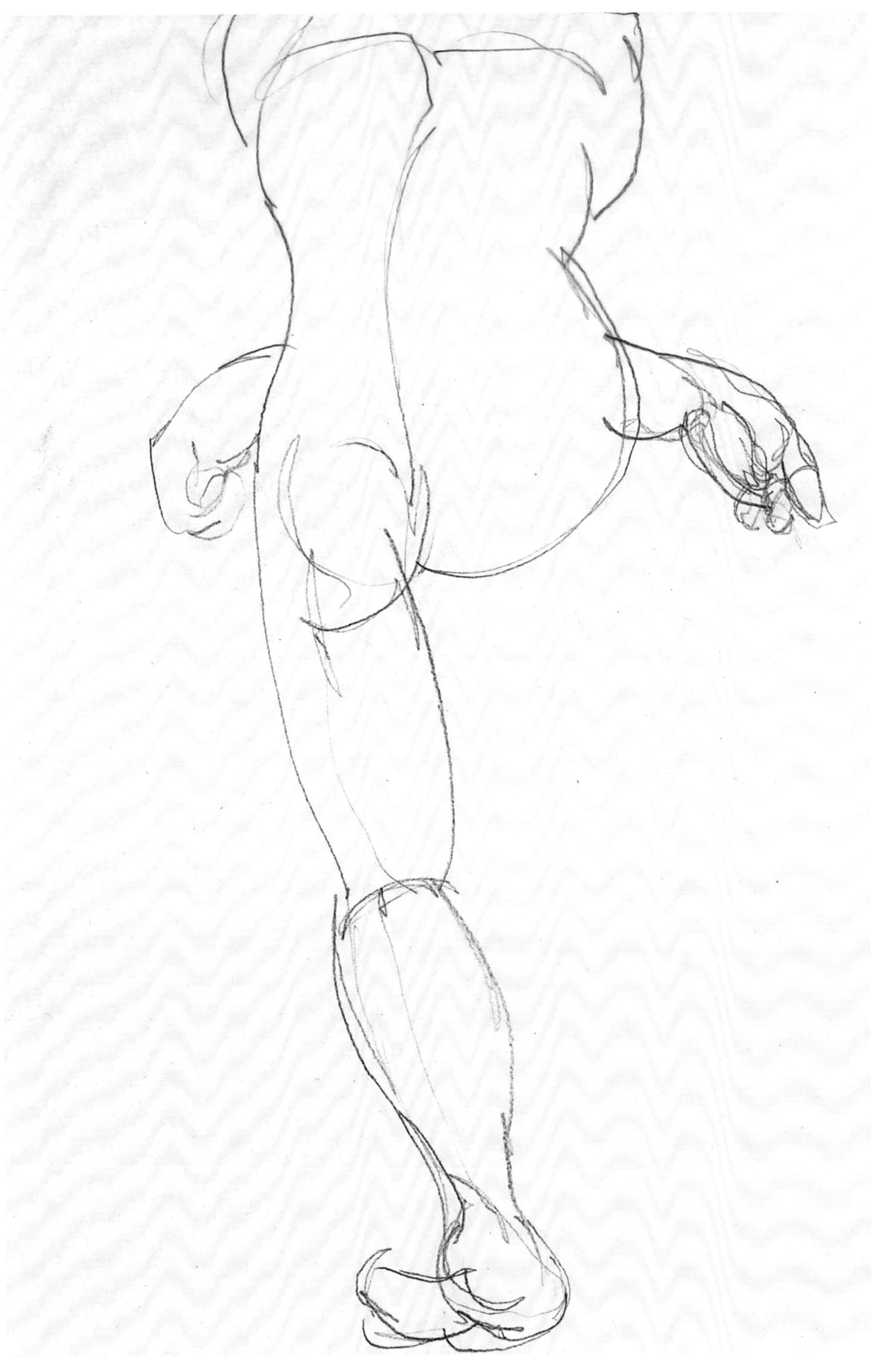

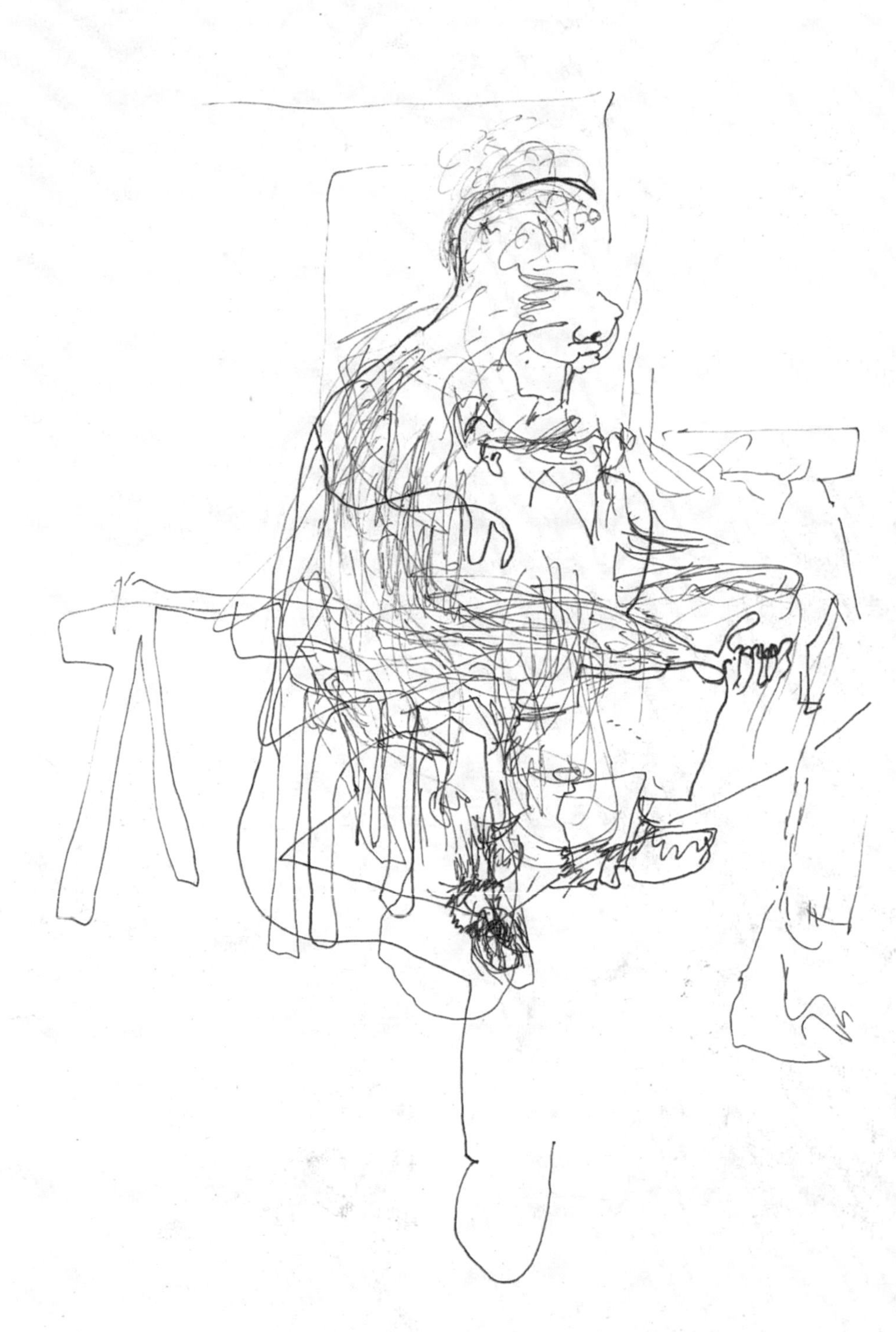

Tastende Linie im Raum – die Zeichnung entsteht tastend-wandernd unter einem Tuch.

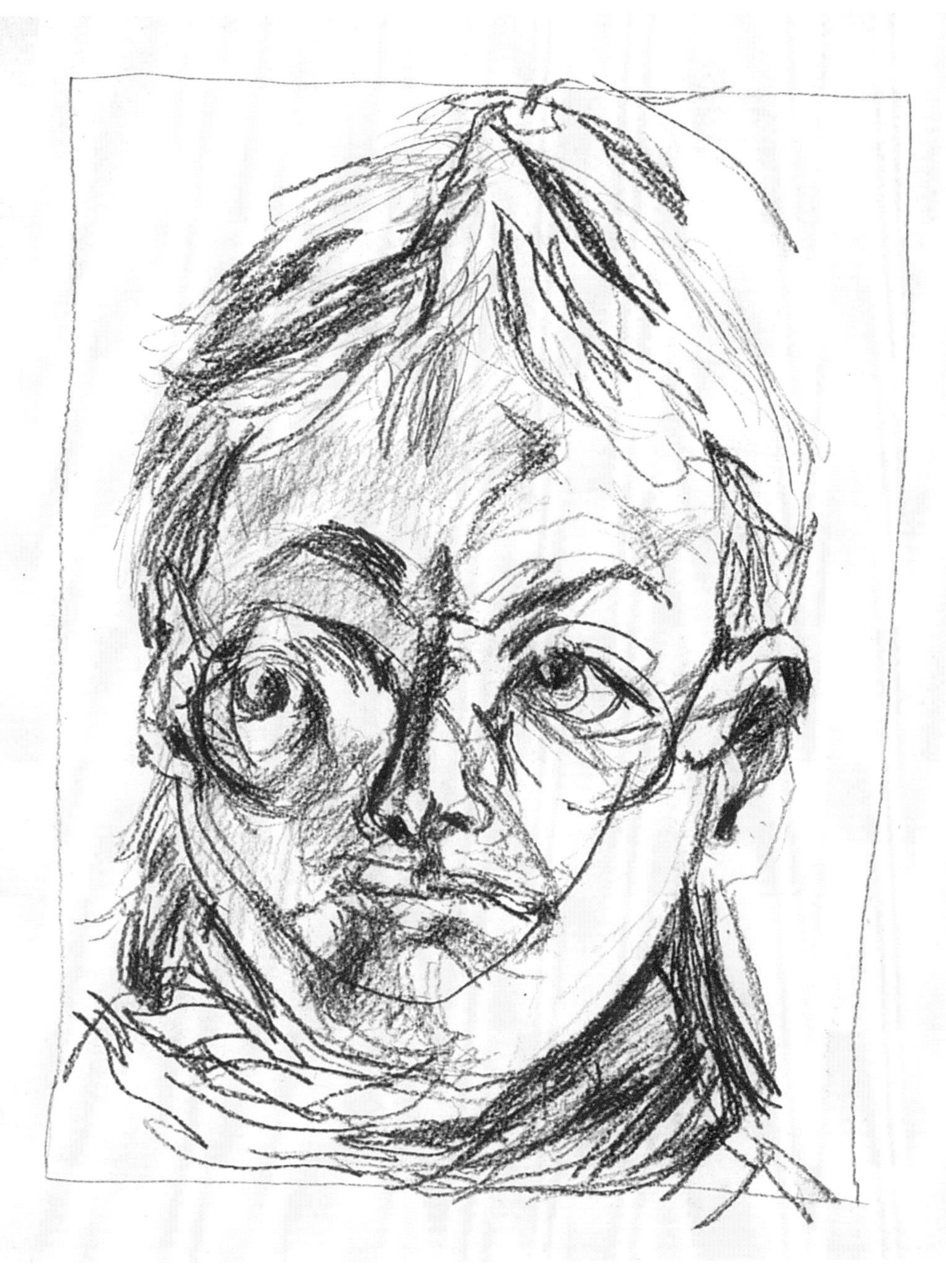

„Du mußt sehr geduldig sein.“

Antoine de Saint-Exupéry

DER KÖRPER IM RAUM

Der Körper im Raum existiert in alle Richtungen. Beim Zeichnen sehen wir oft nur die Kontur. Um das Sehen einer Form im Raum zu unterstützen, können wir mit einem Messer einen Apfel schälen und so das Runde als Bewegung von Flächen im Raum erleben. Es entsteht ein „kristallines" Gebilde – raumgliedernde Formen. Beobachten Sie den geschälten Apfel und „tasten" Sie dessen Kanten und Linien ab. Erleben Sie die verschiedenen Richtungen, aneinanderstoßende Flächen, das Oben und Unten, die verschiedenen Seiten. Spüren Sie, woher die Bewegungen kommen und wohin sie gehen. Sehen Sie das Vorne und Hinten.

Übung 48

Benutzen Sie A2/A3-Papier, Bleistifte, Kohle und setzen Sie sich nahe zum Körper. Setzen Sie irgendwo am Umriß an, um den Körper mit Ihrem Stift zu „berühren". Beginnen Sie dann eine zeichnerische Wanderung in alle Richtungen, „berühren" Sie dabei das Vorne, das Oben, das Unten, selbst das erahnte Hinten.

Konzentrieren Sie sich auf Richtungen und Richtungsänderungen, so daß Bewegung im Raum sichtbar wird. Passen Sie den Druck dem räumlich Erfühlten an. Zeichnen Sie stärker in den Raum hinein und schwächer aus dem Raum heraus. Variieren Sie die Intensität des Druckes. Stellen Sie sich vor, Ihr tastend-wandernder Stift entspreche einem kleinen Käfer, der über die Köperlandschaft hinwegwandert und auf seinem Weg eine feine Bleistiftspur hinterläßt. Langsam entsteht so ein räumliches Geflecht aus tastenden Linien, die den Körper in alle Richtungen berühren. Zeichnen Sie nie schneller, als Sie sehen, und schaffen Sie möglichst viele Querverbindungen im Raum. Spüren Sie diese Berührungen immer wieder am eigenen Körper. Es ist wichtig, sich für Richtungsänderungen zu entscheiden. Wo schlägt der Weg – die Linie – eine neue Richtung ein, wo gibt es Verzweigungen, wo erleben Sie den Wechsel von Oben und Unten, von Vorne und Seite etc.? Lassen Sie eine Karte von Bewegungen im Raum entstehen. Tastend zeichnen Sie so Höhenkurven, Raumformen, das Vorne und Hinten. Zeichnen Sie, ohne auf das Papier zu sehen.

Ergänzen Sie dieses direkte, sinnliche Erleben mit Ihrem Wissen. Studieren Sie auch Anatomie, die innere Körperarchitektur, um das Verständnis für den Körper zu vertiefen. Erleben Sie die tastende Qualität der gezeichneten Linien. Variieren Sie diese Übung, indem Sie diese „Wanderung" auf gerade und krumme Wege (Linien) beschränken, um so immer stärker die raumgliedernden Formen zu betonen.

Beachten Sie beim Zeichnen immer wieder den Unterschied zwischen dem, was Sie zu sehen meinen, und dem, was Sie wirklich sehen. Die Achtsamkeit, was sich beim Zeichnen zuträgt, sieht immer mit. Ein Schaffensprozeß, an dem Sie mit Achtsamkeit beteiligt sind, kann Ihr Interesse am Alltäglichen und Selbstverständlichen fördern. Entdecken Sie den großartigen Reichtum im Unspektakulären und Bekannten. Wenn es Ihnen gelingt, beim Zeichnen Gefallen zu finden an dem, was Sie gerade tun, setzt sich Ihre gesamte Energie frei, die so auf das Erleben und Tun übergehen kann.

Übung 49

Anstatt Stifte zu verwenden, lassen wir hier eine „berührend-tastende" Skulptur im Raum entstehen. Nehmen Sie dazu weichen, formbaren Draht und beginnen Sie, den Körper direkt mit dem Draht zu formen. Lassen Sie so eine „Zeichnung" im Raum entstehen. Integrieren Sie dabei auch das Rundherum, das Vorne und Hinten. Querverbindungen entstehen, Binnenkonturen, Raumformen sowohl des ganzen Körpers als auch einzelner Teile. Benutzen Sie dann diese Drahtskulpturen als Anlaß zum Zeichnen. Beobachten Sie Schattenwirkungen davon, um das Verständnis für die Form zu erweitern. Spielen Sie mit den Möglichkeiten von Veränderung, Wandlung, von Verzerrungen und Wirkungen im Raum. Schattenfiguren können Anlaß zum Zeichnen werden, spielen Sie damit.

DIE BEZIEHUNG VON FORM UND NICHTFORM

Übung 50

„Leerer Raum“ wird auch als „negative“ Form bezeichnet. Die negative Form eines Gegenstandes zu sehen fällt uns anfangs nicht leicht, da der Blick auf das Erfassen des „Wichtigen“, der Positivform gerichtet ist. Nun aber richten wir unsere Aufmerksamkeit auf das Leere. Es ist deshalb empfehlenswert, sich anfangs mit einem einfachen Gegenstand zu beschäftigen. Wie sieht die Leerform um den Gegenstand herum aus? Stellen Sie so die Frage, und beginnen Sie die Leerform von außen her zu sehen und sehend abzutasten. Trotz der zielbewußten Lenkung unserer Aufmerksamkeit fallen wir immer wieder zurück in das Sehen der Positivform. Beobachten Sie z.B. das Geäst eines Baumes, und konzentrieren Sie sich auf die Zwischenräume. Sehen Sie nicht den Baum selbst, sondern die Formen des blauen Himmels. Stellen Sie sich die Leerformen farbig vor. Bei komplizierten Dingen kann das Sehen von Leerformen sehr schwierig erscheinen. Wir haben uns an die positiven Formen gewöhnt und erleben sie deshalb weniger vielfältig als die Leerformen. Beim Wahrnehmen der negativen Räume werden wir zu einem vollkommen neuen Sehen aufgefordert. Dieses Sehen erneuert unseren Blick, macht ihn frisch und unterstützt unser Staunen, die Grundfähigkeit für das Erkennen. Zeichnen Sie, indem Sie die Ränder von „leeren Räumen“ abtasten.

Nach diesen ersten Übungen setzen wir das Sehen der Leerformen auch im Inneren des Körpers fort. Die Erfahrung hilft uns, nicht die benennbaren, wichtigen Dinge zu zeichnen, sondern das „Unwichtige“. Diese Konzentration auf das Rundherum läßt uns die Dinge in ihrem Sosein, unabhängig von unserem Wissen, erleben und erkennen. Wenn wir in dieser Weise „leere Formen“ „tastend-sehend“ zeichnen, werden wir auch frei von blockierenden Gedanken, da wir uns nicht mit dem Abbilden der Dinge selbst beschäftigen. Das einzige, was wir tun, ist die volle Achtsamkeit auf diese Ränder zu richten. Die Verschiebung des Interesses auf die Nichtform unterstützt das unvoreingenommene Sehen. Nennen Sie die Dinge nicht beim Namen, sondern beobachten Sie nur die Bewegungen der Linien. Üben Sie das Sehen von leeren Formen immer wieder. Die Linie sieht, die Linie tastet.

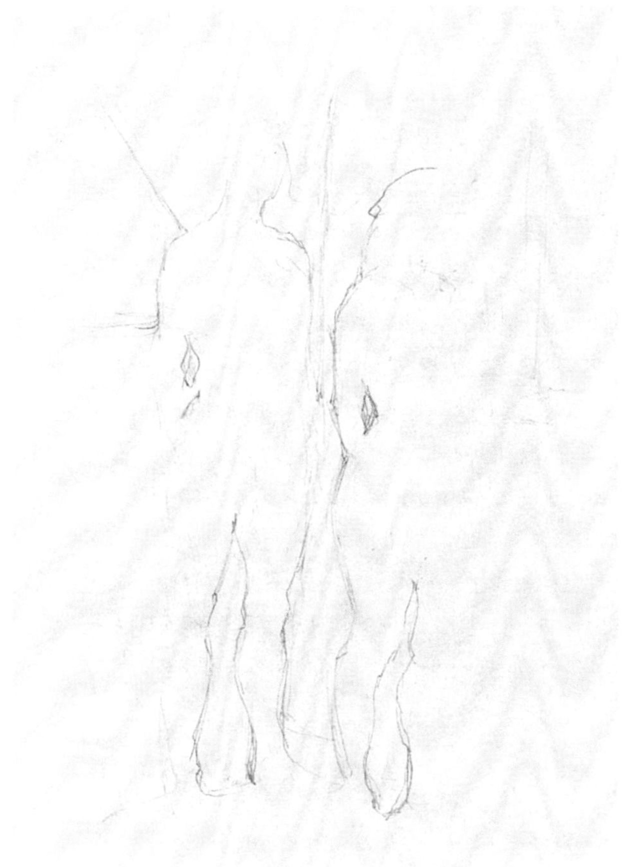

Leere Räume – die Konzentration auf das „Unwichtige".

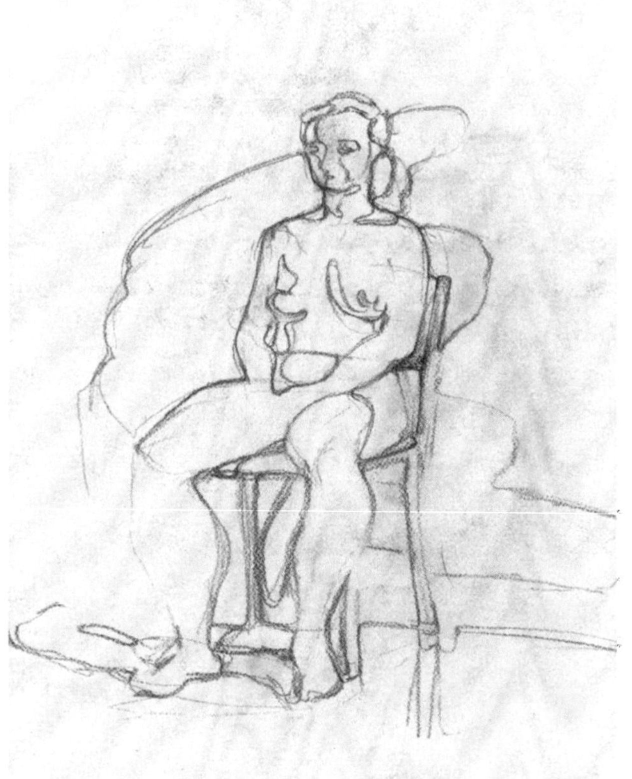

Die Form bildet sich durch die Leerformen.

BENENNBARES UND UNBENENNBARES

Übung 51

Beobachten Sie ein Gesicht und konzentrieren Sie sich nicht auf das Bekannte und Benennbare, sondern auf das, was Ihnen unbekannt ist – auf das Unbenennbare. Erleben Sie das Dazwischen, die leeren Formen, und registrieren Sie die Ränder dieser unbennbaren Formen, all die feinen Unterschiede, die Farben und Wirkungen des Lichtes. Konzentrieren Sie sich auch auf den Um-Raum des Kopfes (auf die Luft), und zeichnen Sie das Leere, den negativen Raum eines Kopfes. Beobachten Sie tastend-sehend alle Bewegungen und Richtungsänderungen, und lassen Sie in dieser Weise die Dinge selbst ihren Platz einnehmen, ohne absichtliches Zu- und Einordnen. Zeichnen Sie tastend linear, aber auch kribbelnd-füllend.

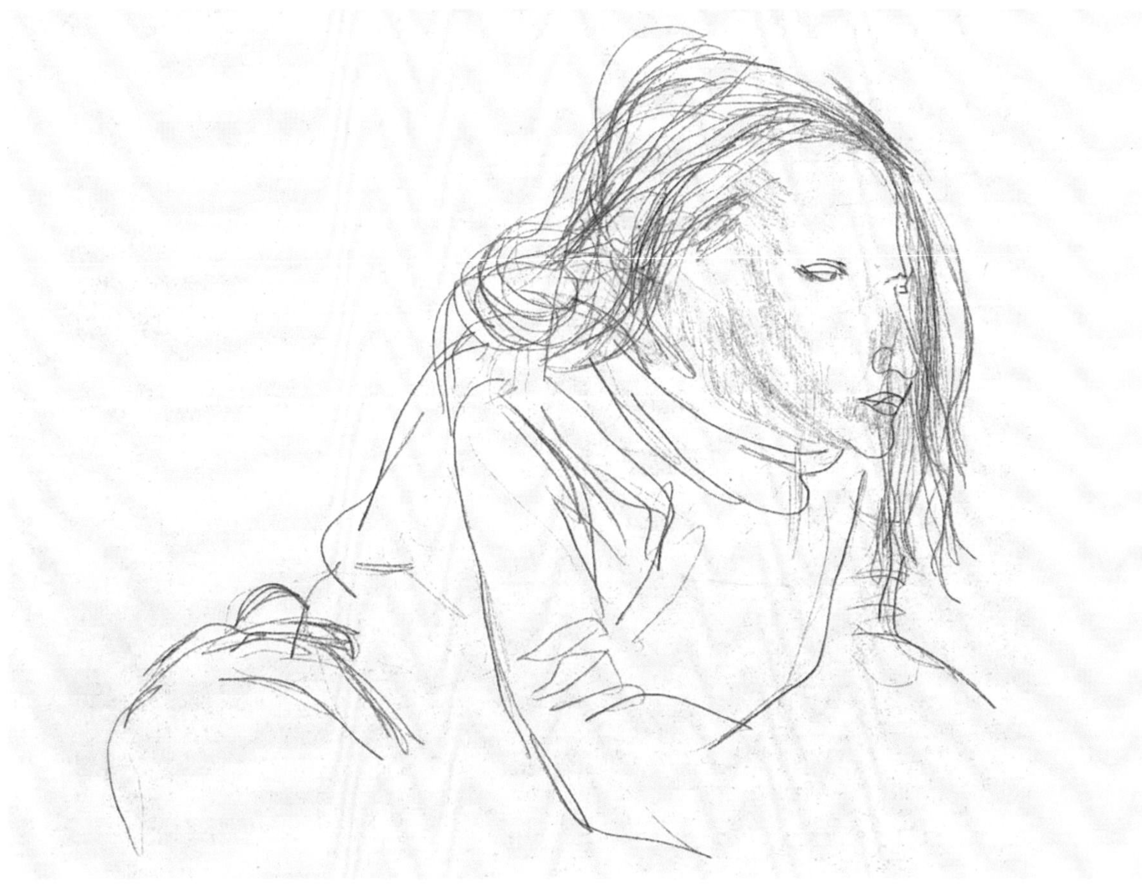

Der Stift „berührt" tastend-sehend – zeichnen, ohne auf das Papier zu sehen.

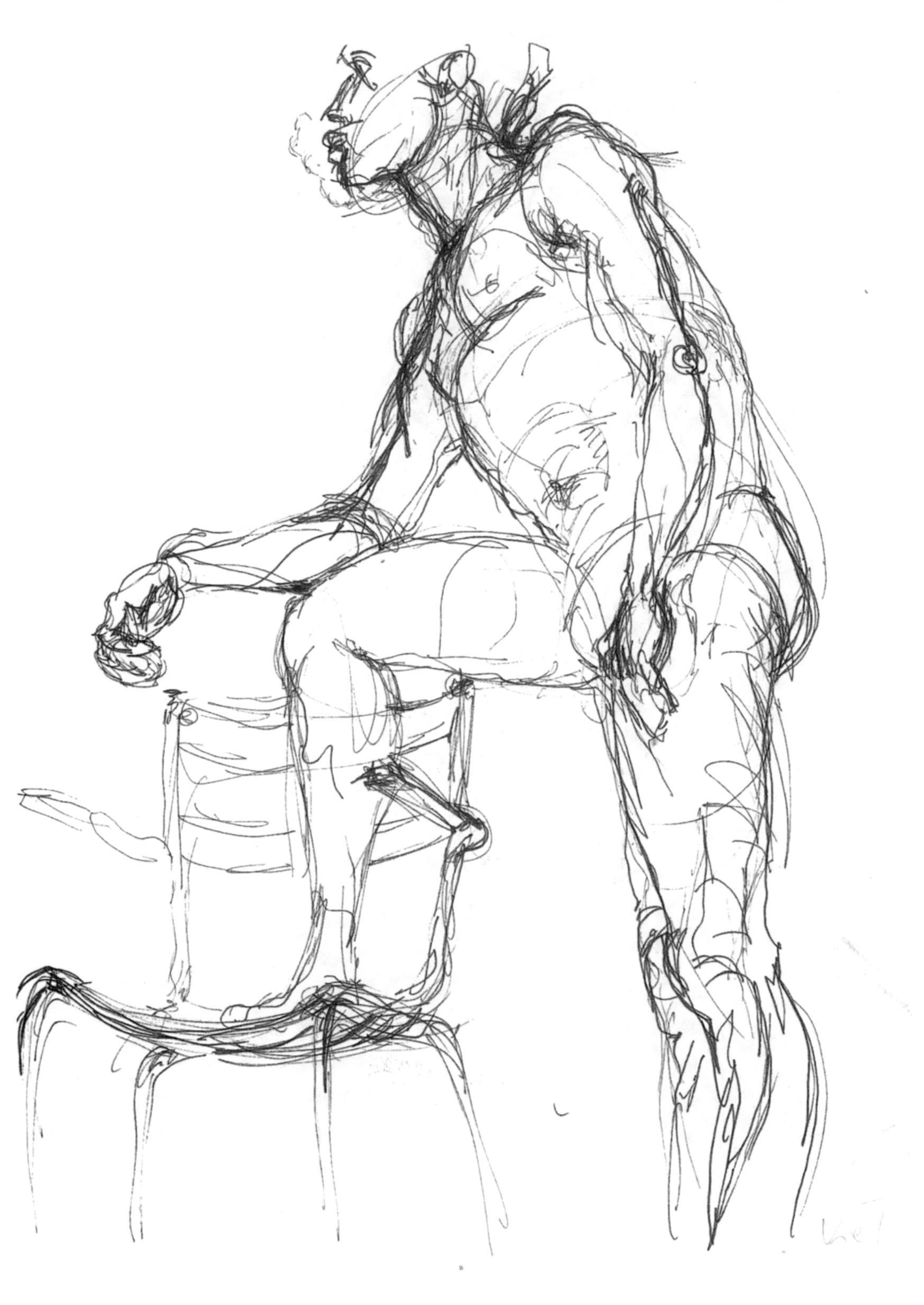

Eine Körperlandschaft – die Augen tasten wandernd. Sehspuren – Berührungsspuren.

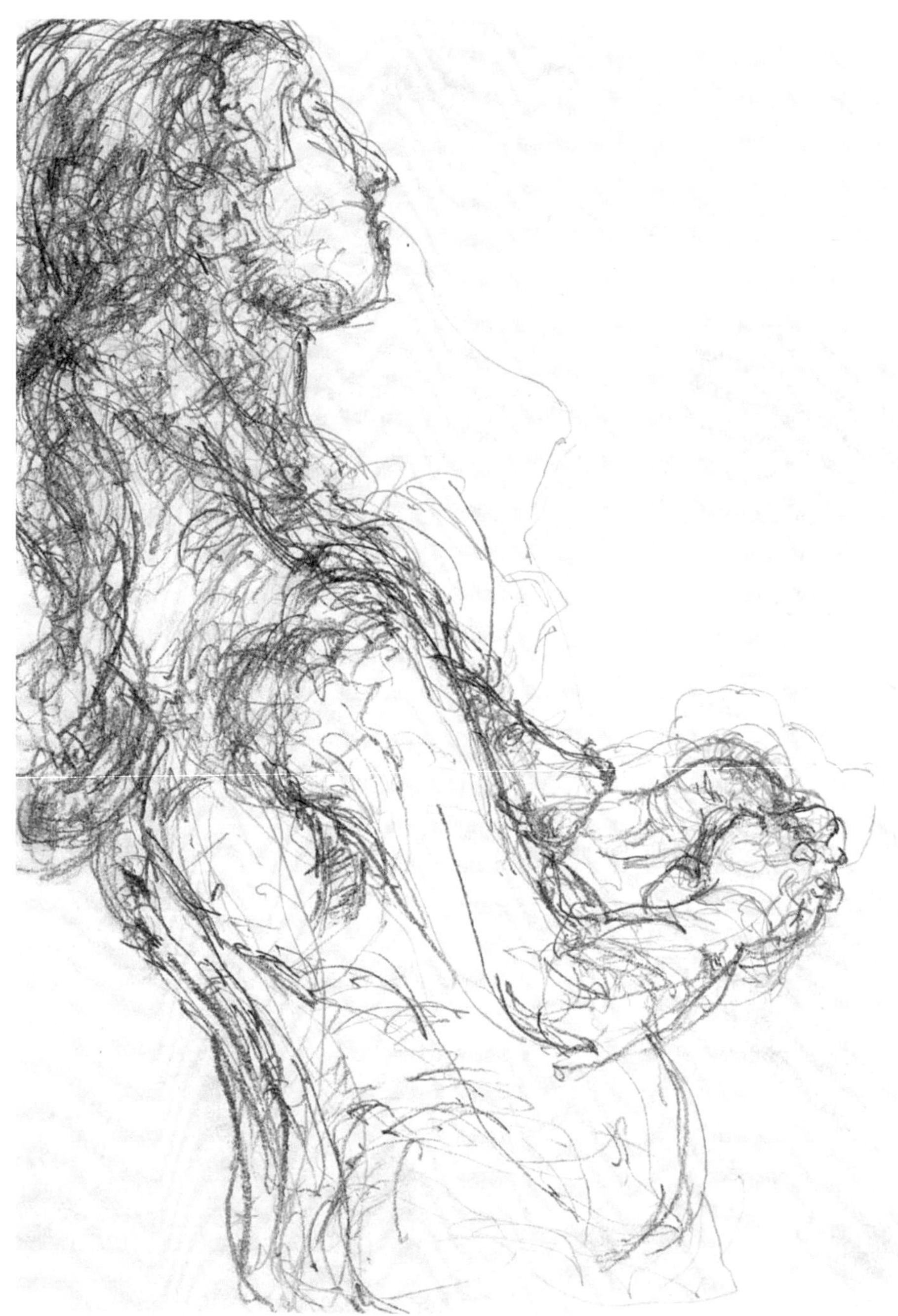

Lebendige Gebärde – Sorgfalt des Tastens. Rhythmus, Klang, Bewegung.

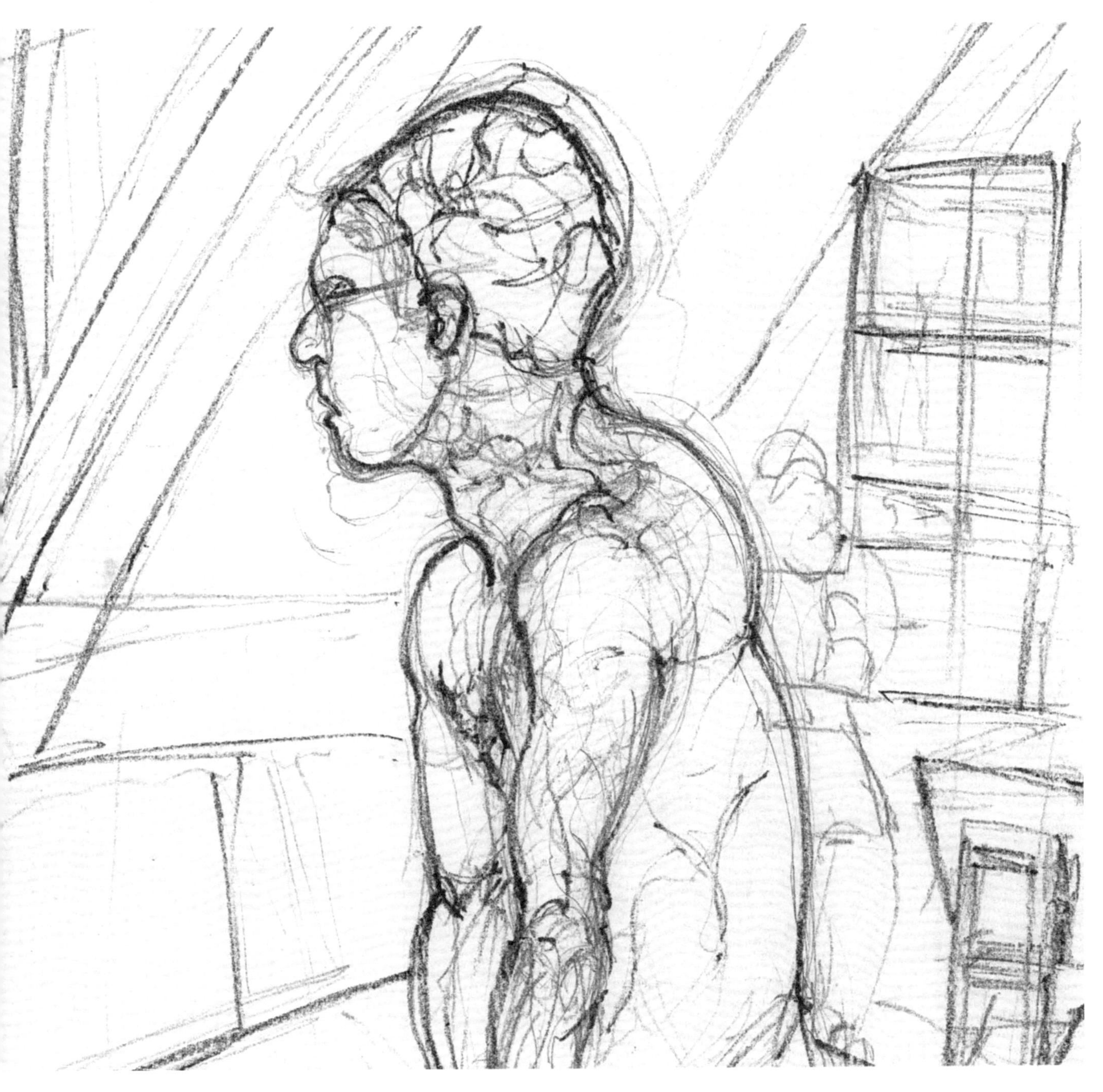

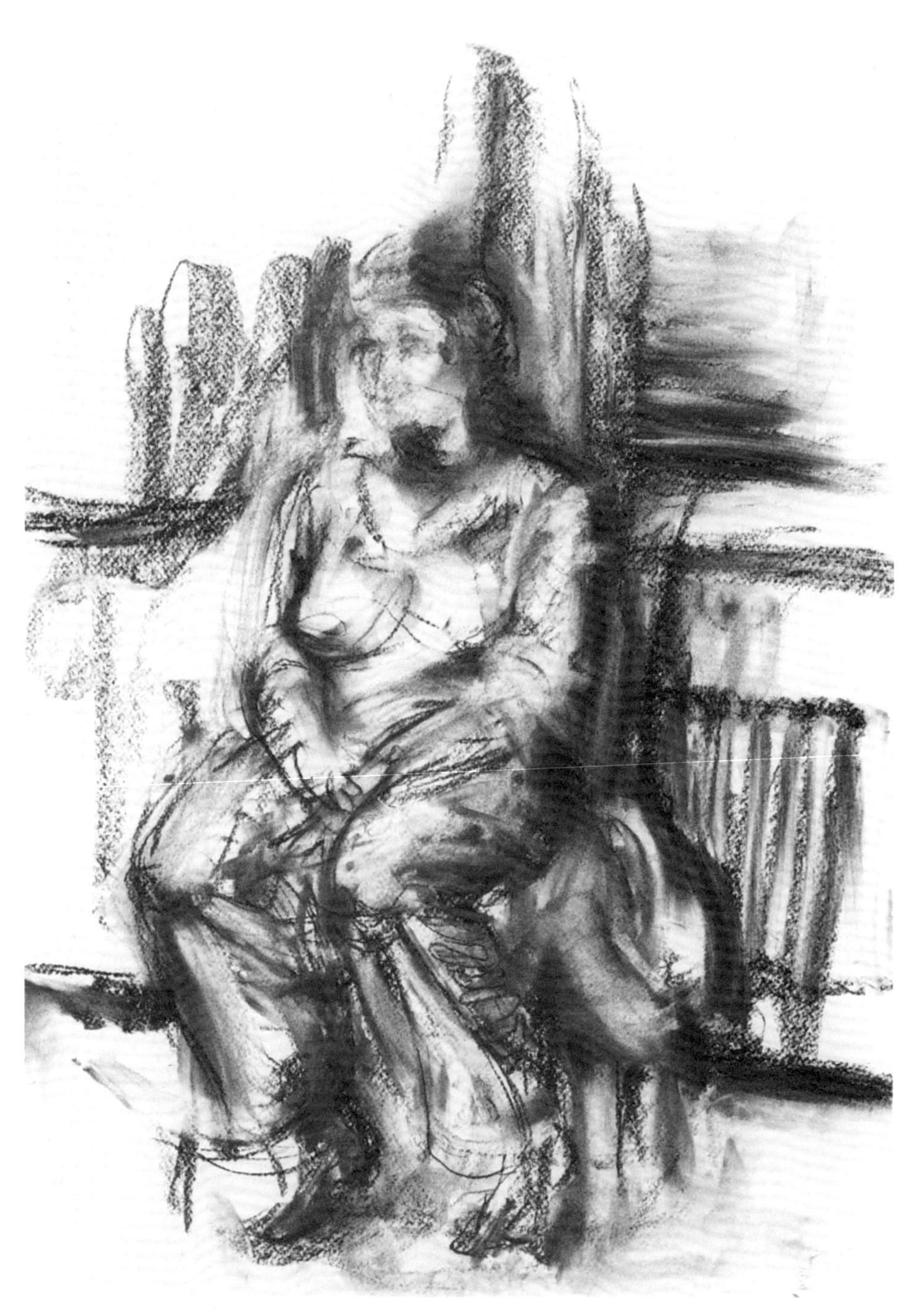

Mit beiden Händen zeichnen, ohne auf das Papier zu sehen.

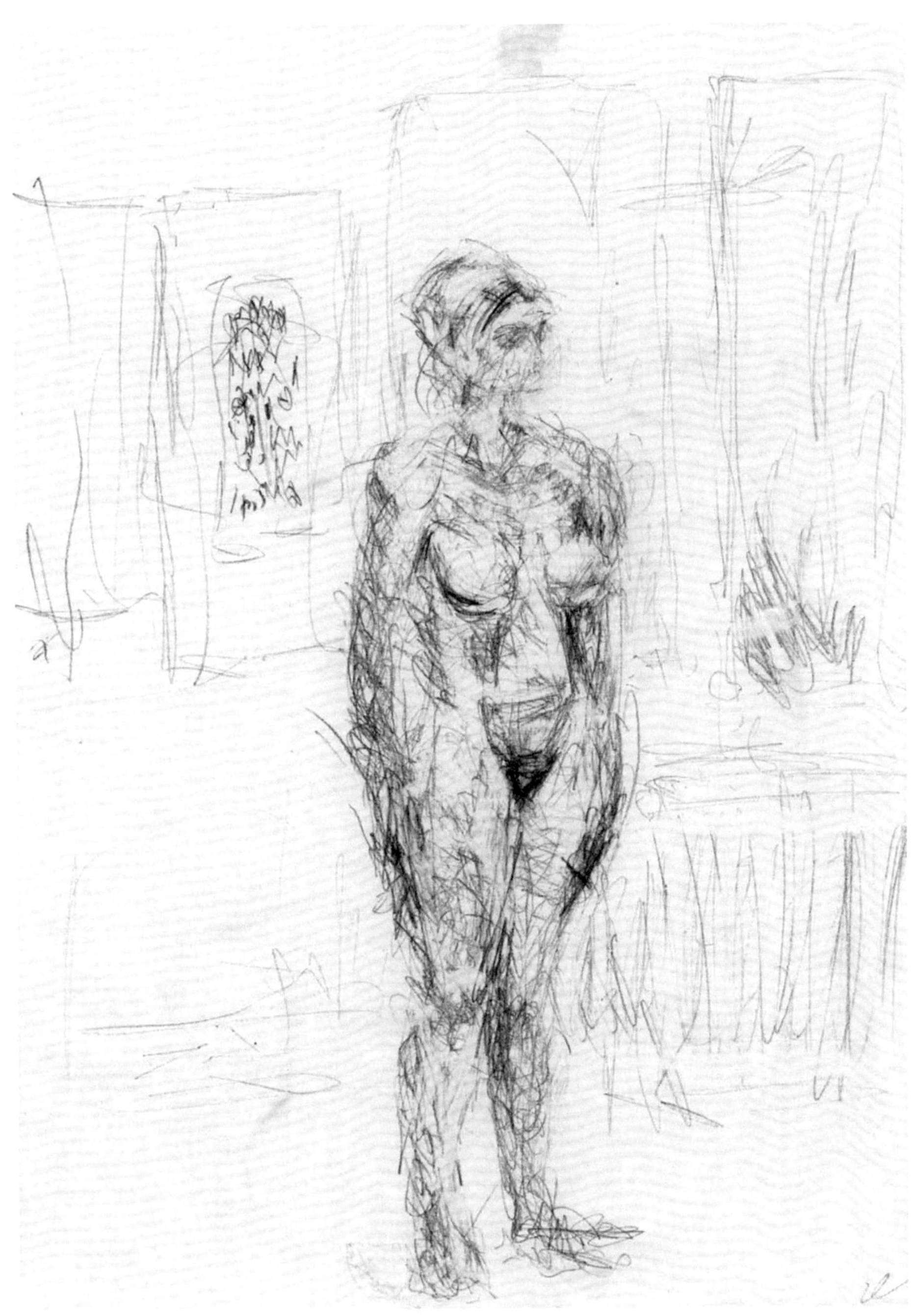

Sehen – ganz Auge sein – die Hände bewegen sich, leicht.

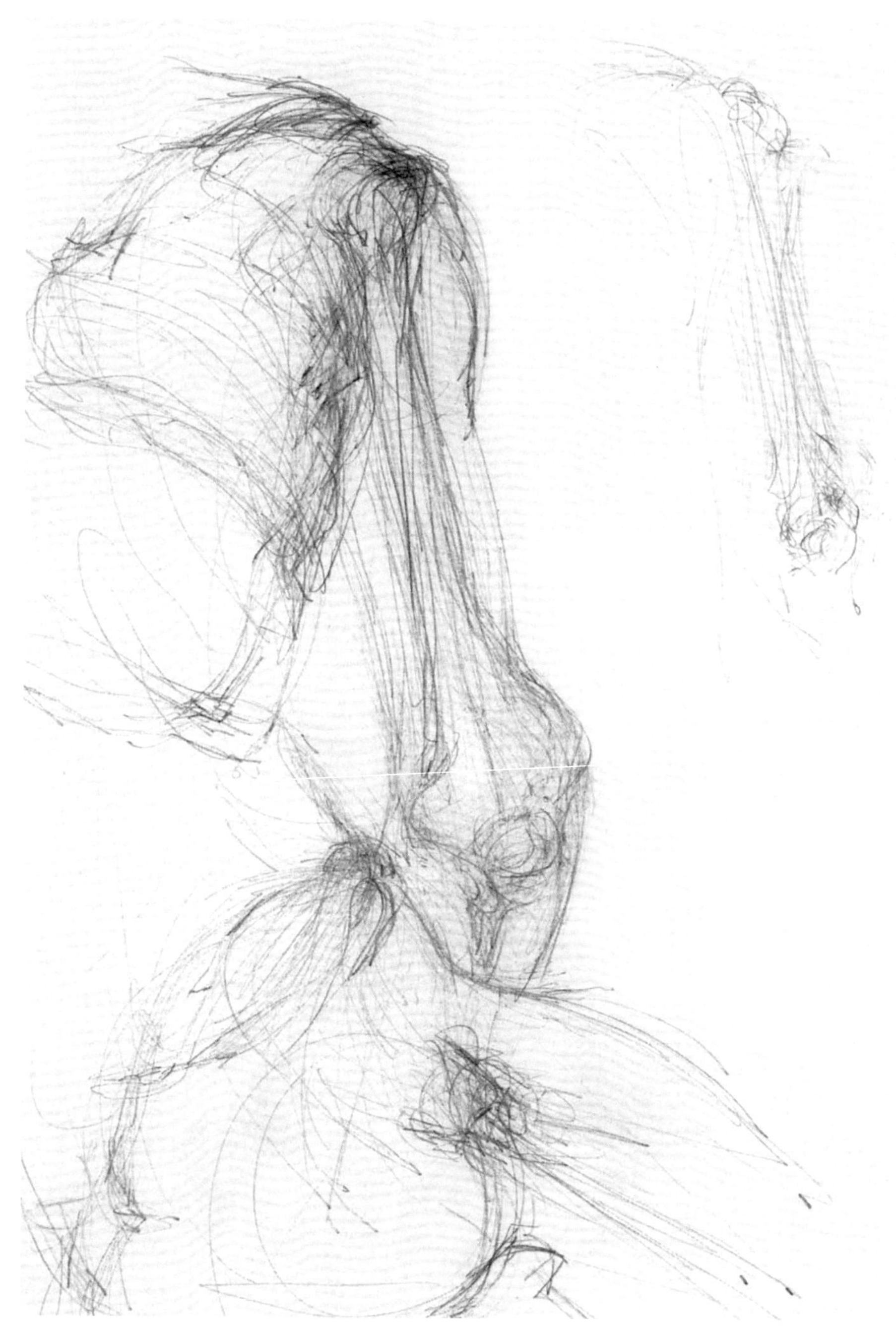

Erlebtes und Wissen verbinden sich zu einem Ganzen.

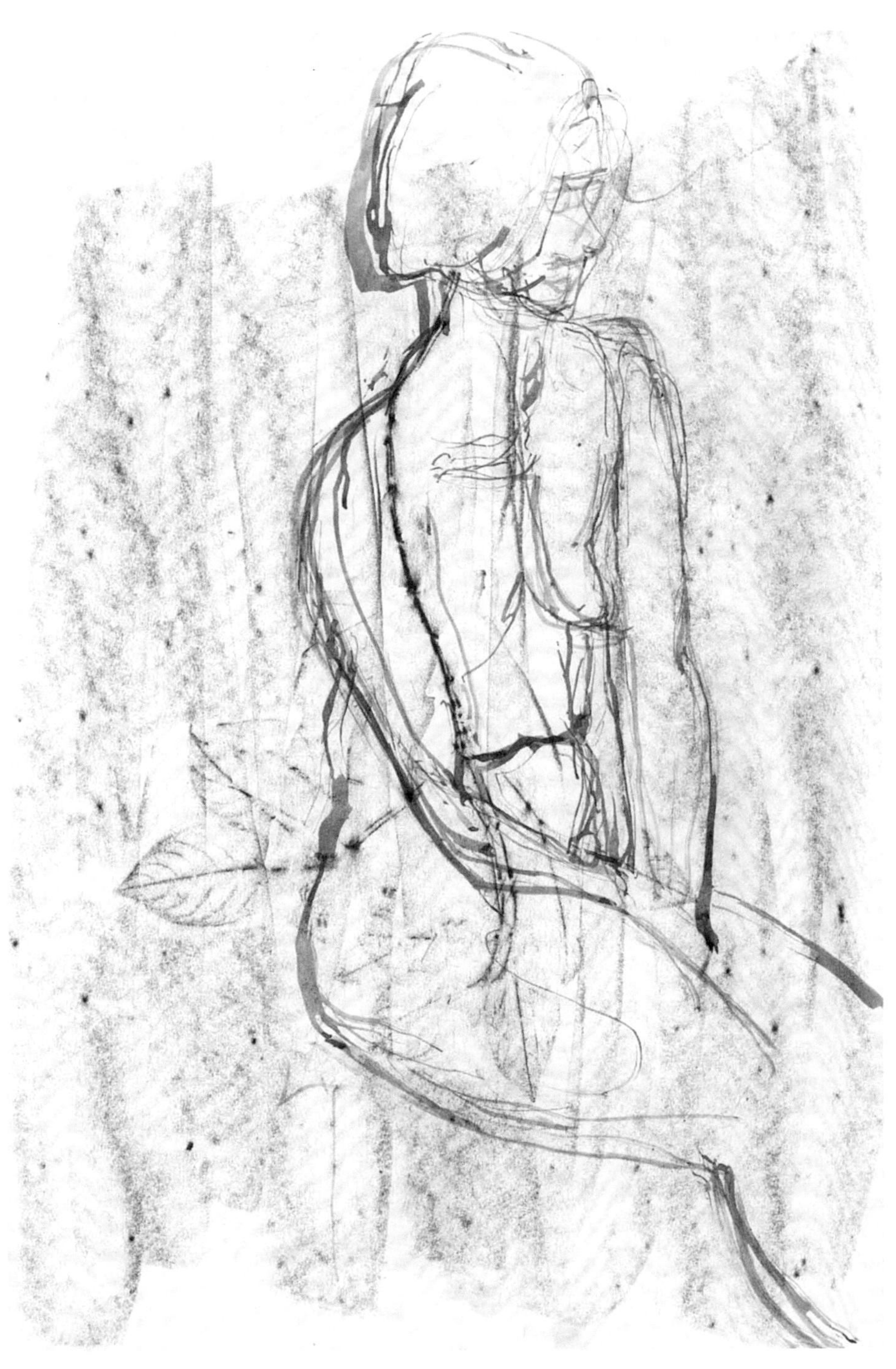

Ungewohnte Werkzeuge – ungewohnte Spuren.

DAS PORTRÄT

Was wir betrachten, löst Assoziationen und Gefühle aus. Fast unmerklich empfinden wir etwas als angenehm oder als unangenehm. Beim Sehen werden wir an Bekanntes erinnert und reagieren aufgrund unserer persönlichen Erfahrung. Im Zeichnen nutzen wir den Schatz von Erfahrungen und nehmen die Wirkungen wahr.
Wenn wir einen Kopf betrachten, konzentrieren wir uns hier auf Wirkungen. Lassen Sie sich zum Assoziieren und Erinnern anregen. Ein Kopf kann kantig, rund, weich, kraftvoll wirken. Augen empfinden wir als bohrend, leise, aufdringlich, witzig. Ein Kinn erleben wir als forsch, aggressiv, zurückgezogen, Augenbrauen können bauschig, fein, dick und dünn sein usw. Einen Mund erleben wir lächelnd, sympathisch, verkniffen, sinnlich. Haare wirken ruhig, wellig, borstig, fallend, widerspenstig.
Beobachten Sie einen Kopf, achten Sie nur auf dessen Wirkungen und assoziieren Sie dazu. Woran erinnert es? Lassen Sie sich beim Zeichnen von Ihren Assoziationen und Erinnerungen führen: Es erinnert mich an ..., es sieht aus wie ...
Zeichnen Sie nicht kopierend, sondern indem Sie Wirkungen sichtbar machen: Das Kantige, das Witzige, das Wellige, das Borstige ...
Beobachten Sie sich selbst, wie Sie emotional auf Gesehenes reagieren.

Übung 52

**Benutzen Sie A3-Formate, Graphitstifte, Bleistifte, quergestellte Stifte, und nehmen Sie den Kopf in seiner Einheit wahr, die sich aus der Vielfalt aller Kräfte bildet. Porträtieren Sie nicht, sondern zeichnen Sie die Kräfte in ihrem Zusammenspiel: Kantiges, Verkniffenes, Spitzes, Rundes, Hervorstoßendes, Aufdringliches, Bohrendes, Zärtliches. Zeichnen Sie schnell, ohne abzubilden, und machen Sie Wirkungen sichtbar.
Fragen Sie nicht nach der Ähnlichkeit, wichtig ist, wie das Gesehene auf Sie wirkt, welche Gefühle, Bilder, Assoziationen, Gedanken es auslöst. Zeichnen Sie den Kopf als Einheit aus der Vielfalt verschiedener Wirkungen, schnell, kribbelnd.**

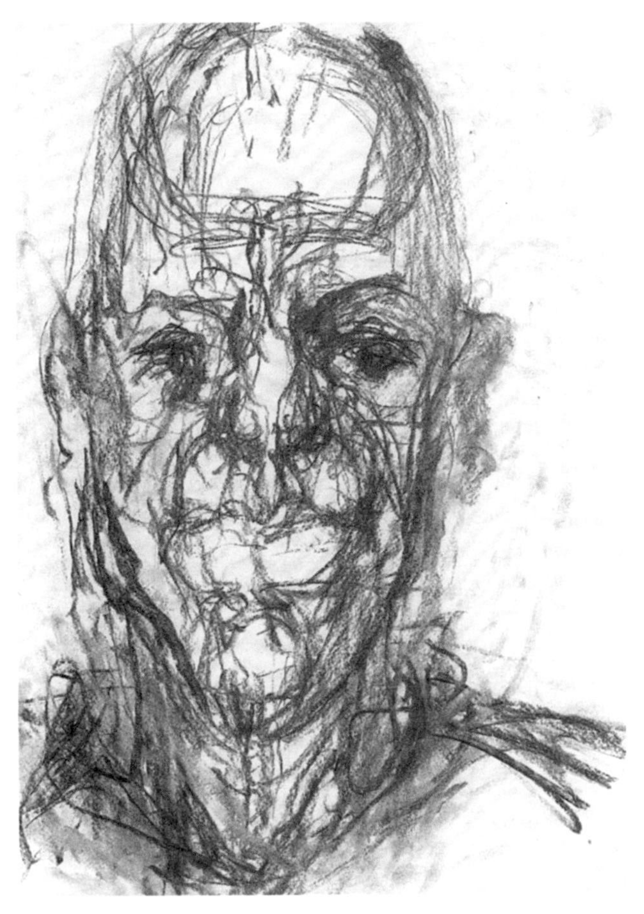

„Schauen und sehen – beides beginnt mit einer Sinneswahrnehmung, aber da endet die Ähnlichkeit auch schon. Wenn ich die Welt 'anschaue' und ihre Phänomene benenne, dann treffe ich unmittelbare Entscheidungen, augenblickliche Bewertungen: Ich mag oder ich mag nicht, ich akzeptiere oder lehne ab, was ich 'erschaue', je nachdem, was dem ICH nützt. 'Schauen' dient dem Überleben, dem Zurechtkommen, der Einflußnahme … und darauf werden wir vom ersten Tag an gedrillt.
Wenn ich hingegen SEHE, bin ich plötzlich ganz Auge, vergesse dieses ICH, bin davon befreit und stürze mich kopfüber in die Realität, wie sie mir begegnet."

Frederick Frank

Die Begegnung mit sich selbst schafft Nähe und fördert Differenziertheit im Wahrnehmen. Zeichnen Sie deshalb auch immer wieder sich selbst. Durch einfühlsames Selbstbegegnen fördern und verändern wir auch unsere Beziehung zum Außen.

ERINNERN UND MODELLIEREN

Übung 53

Pressen Sie Zeitungspapier zu einem kleinen Ball zusammen, und umwickeln Sie diesen mit Klebeband. Formen Sie nun eine Lehmschicht so, daß eine kopfgroße „Halbkugel" entsteht. Legen Sie sich in einem abgedunkelten Raum auf den Boden. Die vorbereitete Tonhalbkugel liegt auf Ihrer Brust (verwenden Sie als Unterlage ein Stück Plastik). Weiterer Ton liegt in Griffnähe bereit. Schließen Sie die Augen und beginnen Sie, Ihren Kopf beidhändig abzutasten. Lassen Sie sich Zeit zum Spüren, und erleben Sie tastend-berührend alle Formen Ihres Gesichtes, die großen und die kleinen Unterschiede, das Benennbare und das Unbenennbare, das Ganze und die Vielfalt der Teile, das Kantige, das Runde, Ein- und Ausgebuchtetes, Weiches und Hartes.
Nach dieser sorgfältigen, langsamen und achtsamen Selbstbegegnung beginnen Sie tastend, mit geschlossenen Augen das Erlebte in Lehm zu gestalten. Die tastend-formenden Hände erinnern sich und setzen das Gespürte modellierend um. Auch Assoziationen, Gefühle, Gedanken, innere Bilder fließen in das Gestalten ein. Wenn sich Ihre Erinnerungen erschöpfen, können Sie zwischen Selbstberührung und modellierendem Tasten abwechseln. Versuchen Sie, das Berührte tastend zu „verstehen" und es durch Tasten zu gestalten. Betrachten Sie danach den modellierten Kopf, und teilen Sie Ihre Erlebnisse mit.
Benutzen Sie diese Kopfplastik zum Zeichnen. Zeichnen Sie, indem Sie den Raum und das Volumen sichtbar machen. Denken Sie dabei weniger an Zeichnen als an zeichnendes Modellieren. Beginnen Sie die Zeichnungen beidhändig, von innen nach außen „modellierend", indem Sie den Kopf von einem imaginären Kern aus wachsen lassen. Zeichnen Sie so, bis Sie die Gesamtform in alle Richtungen modelliert haben. Gehen Sie erst dann auf Einzelformen ein. Verfeinern Sie dieses modellierende Zeichnen, indem Sie sowohl in den Raum hinein als auch aus dem Raum heraus zeichnen. Verstärken Sie den Druck des Stiftes oder schwächen Sie ihn ab, so daß Helles dem Vorne und Dunkles dem Hinten entspricht.

Übertragen Sie diese Übung auch auf das Zeichnen des gesamten Körpers. Beginnen Sie mit einer Körperübung (S.16). Modellieren Sie „blind" eine Körperskulptur aus dem Spüren, und benutzen Sie diese zum modellierenden Zeichnen.

Übung 54

Legen Sie Kohlestifte für beide Hände bereit, A2-/A3-Formate (z.B. Packpapier), schließen Sie die Augen und betasten Sie beidhändig Ihren Kopf. Erleben Sie tastend den Kopf als Ganzes und auch alle Einzelformen. Lassen Sie sich Zeit für diese Selbstwahrnehmung, und zeichnen Sie danach das, was Ihre Hände begriffen und erfahren haben. Zeichnen Sie „blind" und beidhändig aus der Erinnerung der Hände. Reagieren Sie sehend auf diese Erinnerungszeichnungen, verstärken und präzisieren Sie Wirkungen und Kräfte. Denken Sie auch hier daran, eher zu modellieren, als zu zeichnen. Geben Sie allen Elementen dieselbe Wichtigkeit. Die vielfältigen Wahrnehmungen haben alle denselben Wert. Erneuern Sie die Erinnerungen durch erneutes Tasten.

DEN KOPF MODELLIEREND ZEICHNEN

Um Raum zu begreifen, das Volumen von Formen zu verstehen, stellen wir uns vor, wie sich Raum entwickelt hat. Wie ist Raum gewachsen, wie dehnt sich Raum von einer Mitte her in alle Richtungen aus? Zeichnen im Sinne von Modellieren bedeutet, die Zeichnung wachsen zu lassen und so die Ausdehnung des Raumes in alle Richtungen zu fühlen. Wir fühlen uns ein in das Werden und Entstehen von Formen. Stellen Sie sich besonders beim Menschen vor, wie ein Körper von der ursprünglichen Zelle bis hin zu seiner jetzigen Form gewachsen ist. Zeichnen heißt, dieses Wachsen mitzuvollziehen, nachzuvollziehen, zu modellieren, zu wachsen, Raum in alle Richtungen zu entfalten.

Übung 55

Stellen Sie sich beim Betrachten eines Kopfes vor, wie er im Laufe der Zeit gewachsen und größer geworden ist, vergleichbar mit dem Wachstum eines Baumes. Zeichnen Sie den Raum, das Volumen mit der Vorstellung vom Modellieren. Beginnen Sie den Kopf von einer imaginären Mitte aus, von einem inneren Kern her zu „modellieren". Zeichnen Sie beidhändig kribbelnd, modellierend, indem Sie den Kopf in alle Richtungen wachsen lassen. Zeichnen entspricht nicht dem Porträtieren, sondern bedeutet, sich ganz der Vorstellung des Wachsens hinzugeben. Stellen Sie sich beim Zeichnen vor, wie dieser Kopf seine heutige Form, den jetzigen Ausdruck gefunden hat. Zeichnen Sie so modellierend in einer endlos wachsenden Linie während ca. 30 Minuten. Füllen Sie mit den Linien das Innere des Kopfes, bis Sie in allen Richtungen seine äußere Form berühren. Nun können Sie damit beginnen, auch die Einzelformen in feineren Bewegungen auszugestalten. Verfeinern Sie dieses modellierende Zeichnen, indem Sie auch auf Detailformen reagieren. Passen Sie den Druck der zeichnenden Hände den räumlichen Formen an. Zeichnen Sie stärker, was in den Raum hineingeht, schwächer, was auf Sie zukommt. Reagieren Sie so bei allen Formen auf das Vorne und Hinten.
Diese Übung kann auch direkt mit dünnem, biegsamem Draht durchgeführt werden. Auch hier beginnen Sie von der Mitte her in alle Richtungen zu modellieren. Erst am Schluß werden die einzelnen Kopfformen detaillierter umgesetzt. Benutzen Sie auch Gegenstände als Anlaß zum modellierenden Zeichnen.

Haben Sie Geduld bei dieser Übung, um das Wachsen von innen nach außen wirklich zu erleben. Vertiefen Sie sich in die Vorstellung vom plastischen Gestalten. Gehen Sie immer genauer auf die Einzelformen ein, variieren Sie dabei den Druck Ihres Stiftes. Zeichnen Sie in das Papier hinein und daraus heraus, und spüren Sie das Gefühl von Wachsen. Auch wenn Ihre Zeichnung unvollkommen scheint, so beruht sie auf wirklichem Erleben. Verfeinern Sie das modellierende Zeichnen, indem Sie immer mehr „modellierend" auf die Einzelformen eingehen. Ihre Zeichnungen können so ganz dunkel werden. Helles und Dunkles entspricht hier nicht dem Licht und Schatten, sondern dem Vorne und Hinten.

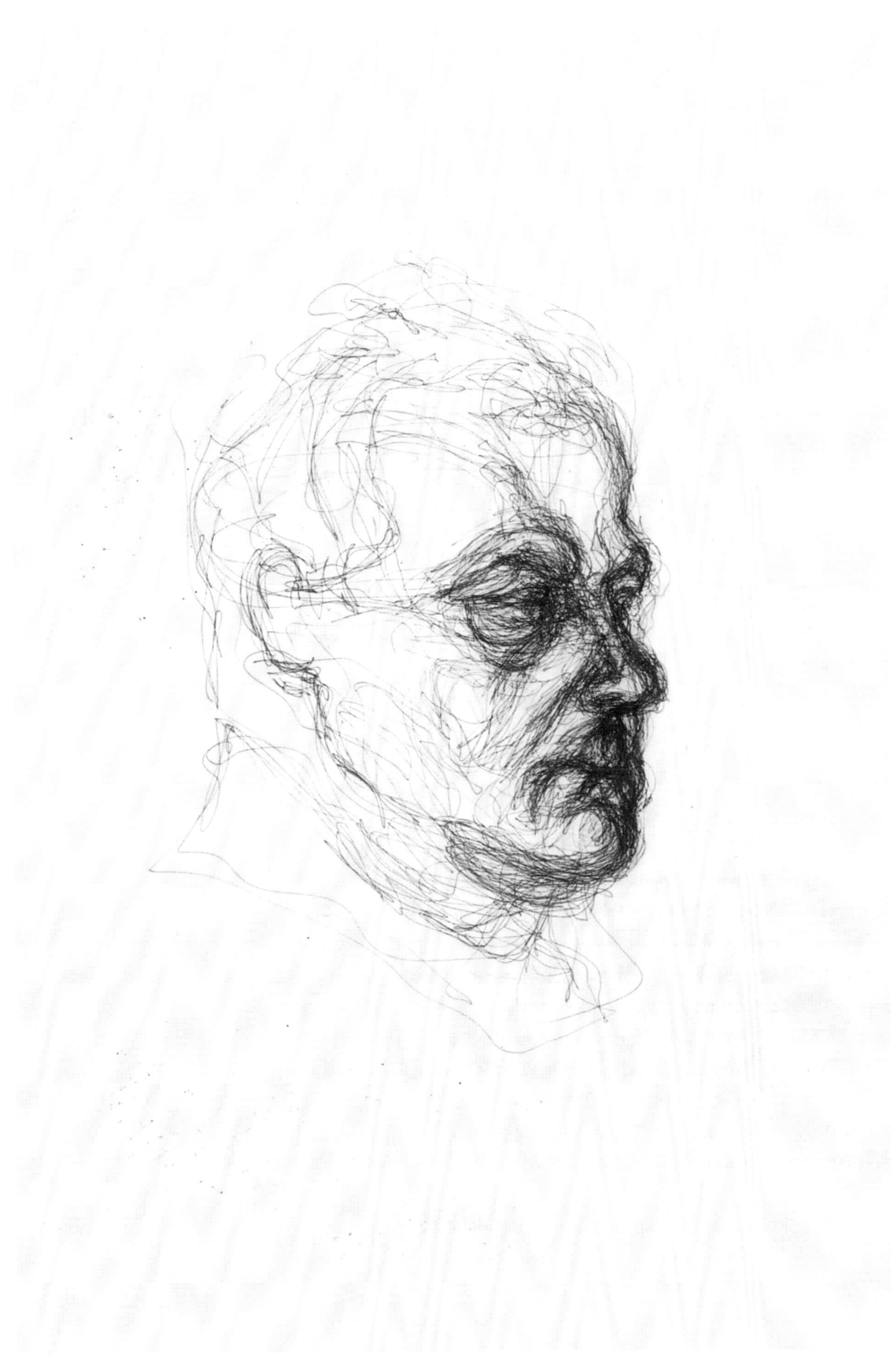

Gesichtslandschaft – die Augen wandern tastend-sehend. Sehlinien – Berührungslinien.

ZEIGEN DURCH NICHTZEICHNEN

Übung 56

Erinnern Sie sich an die Übung 50, wo Sie sich mit dem „leeren Raum" beschäftigt haben. Zeichnen Sie kribbelnd, modellierend, füllend, beidhändig den leeren Raum um einen Kopf (um einen Gegenstand) herum. Stellen Sie sich vor, das Nichts zu modellieren, aufzufüllen, während Sie den Kopf von allen Seiten her berühren. Zeichnen Sie, als würden Sie sich mit den Stiften an alle Ein- und Ausbuchtungen des Kopfes anschmiegen (wie Luft). Kribbeln Sie die Umgebung, während Sie die eigentliche Form des Kopfes leer lassen. Von den groben Gesamtformen ausgehend versuchen Sie, immer mehr die einzelnen Bewegungen zu sehen und mitzugestalten. Ergänzen Sie dann das Innere des Kopfes sparsam kribbelnd-zeichnend-modellierend, indem Sie so nur noch wesentliche Elemente sichtbar machen.

GEFÄSSE FÜLLEN

Übung 57

Variieren Sie das „Modellieren" und stellen Sie sich vor, Raumformen von innen her fließend-zeichnend aufzufüllen. Wasser paßt sich jeder kleinsten Bewegung an. Zeichnen Sie beidhändig und spüren Sie die Bewegungen und Linien wie fließendes Wasser, das ein Gefäß auffüllt. Zeichnen Sie von innen nach außen, von unten nach oben in alle Richtungen. Lassen Sie so in Ihrer Vorstellung das gezeichnete Wasser langsam alle Körperformen von innen nach außen füllen, bis Sie die äußerste Hülle erreichen.
Zeichnen Sie auch mit verschiedenen Stiften und beidhändig. Kombinieren Sie verschiedene Zeichengeräte, um immer wieder ungewohnte Bilder zu erzeugen. Zeichnen Sie z.B. mit Graphitstaub und dem Finger, um so modellierend Formen von innen nach außen wachsen zu lassen.

Übung 58

Benutzen Sie Ihre Erfahrung vom modellierenden Zeichnen, indem Sie den Charakter der Linien variieren. Anstatt in endloser Linie zu modellieren, können Sie versuchen, Raum zu füllen und nur mit längeren und kürzeren geraden Linien zu zeichnen. So entsteht ein netzartiges, räumliches, verdichtetes Gefüge. Experimentieren Sie mit verschiedenen

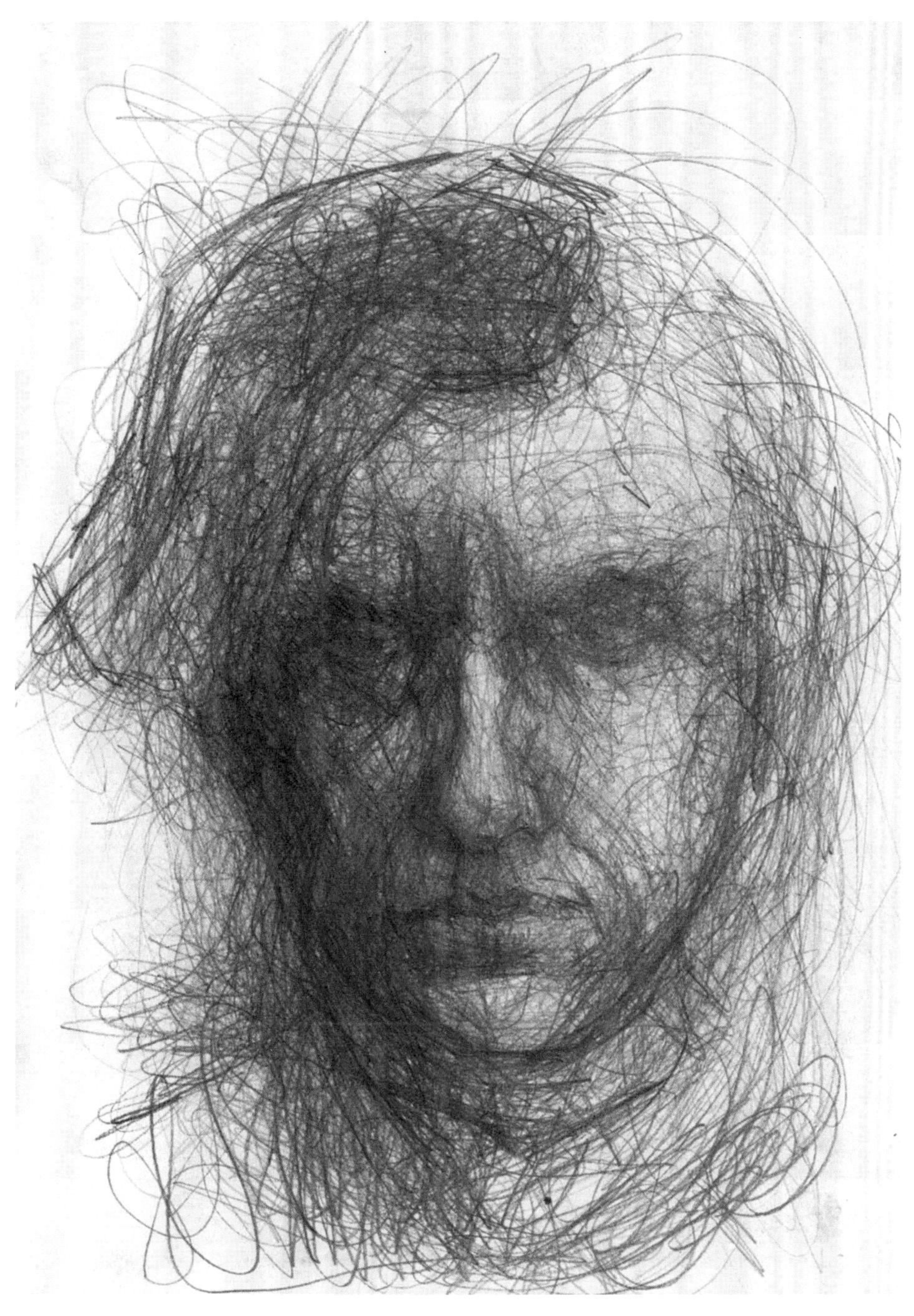

„Erkennen hat nichts mit Objekten zu tun,
denn Erkennen ist effektives Handeln;
und indem wir erkennen, wie wir erkennen,
bringen wir uns selbst hervor."

H. Maturana und F. Varela

Möglichkeiten, um Schraffurwirkungen kennenzulernen. Gehen Sie jetzt nicht nur mit mehr oder weniger Druck auf das Vorne und Hinten ein, sondern auch auf das Helle und Dunkle.

Übung 59

Zeichnen Sie, nachdem Sie einen Kopf von allen Seiten her intensiv betrachtet haben, „blind", aus der Erinnerung, das Gesehene und Erfahrene „beidhändig-modellierend". Versuchen Sie in Ihrem Inneren eine bildhafte Vorstellung zu entwickeln. Zeichnen Sie, ohne auf das Papier zu sehen, spontan und lebendig. Orientieren Sie sich an diesem inneren Bild, bis Sie es in seiner ganzen Präsenz umgesetzt haben. So entstehen lebendige Zeichnungen aus dem Erinnerten und Gefühlten und machen Ihr Erleben sichtbar. Geben Sie sich genügend Zeit.

EIN PORTRÄT WACHSEN LASSEN

Übung 60

Benutzen Sie A3-Papier, Bleistifte, Graphitstifte etc. Betrachten Sie den Kopf eines Menschen, der Ihnen gegenübersitzt. Zeichnen Sie tastend, modellierend während ca. 20 bis 30 Minuten, möglichst ohne auf das Papier zu sehen. Lassen Sie die Zeichnung von der Mitte aus wachsen, wie ein Baum, um sich dann langsam immer mehr mit den Einzelformen zu beschäftigen. Erweitern Sie diese Zeichnungen „tastend-sehend". Achten Sie auf Konturen und Binnenkonturen. Schließen Sie danach die Augen, und lassen Sie „blind" aus der Erinnerung eine zweite Zeichnung entstehen. Zeichnen Sie modellierend und tastend, bis sich Ihre Erinnerung erschöpft. Gehen Sie dabei immer mehr auf Einzelformen ein, indem Sie sich am inneren Bild orientieren. Betrachten Sie dann die beiden Zeichnungen: Wie sprechen die Linien des Sehens, wie jene aus dem Erinnern?

Lassen Sie nach intensiven Beobachtungen immer wieder „blinde" Erinnerungszeichnungen entstehen. Diese Zeichnungen aus dem Erinnern werden durch Aufmerksamkeit gestaltet. Sie sind keine Kopien, brauchen nicht proportional richtig zu sein. Versuchen Sie zeichnend das Erinnerte zu gestalten. Experimentieren Sie selber mit diesen Übungen, mit Ihren eigenen Erfahrungen, und entdecken Sie neue Möglichkeiten.

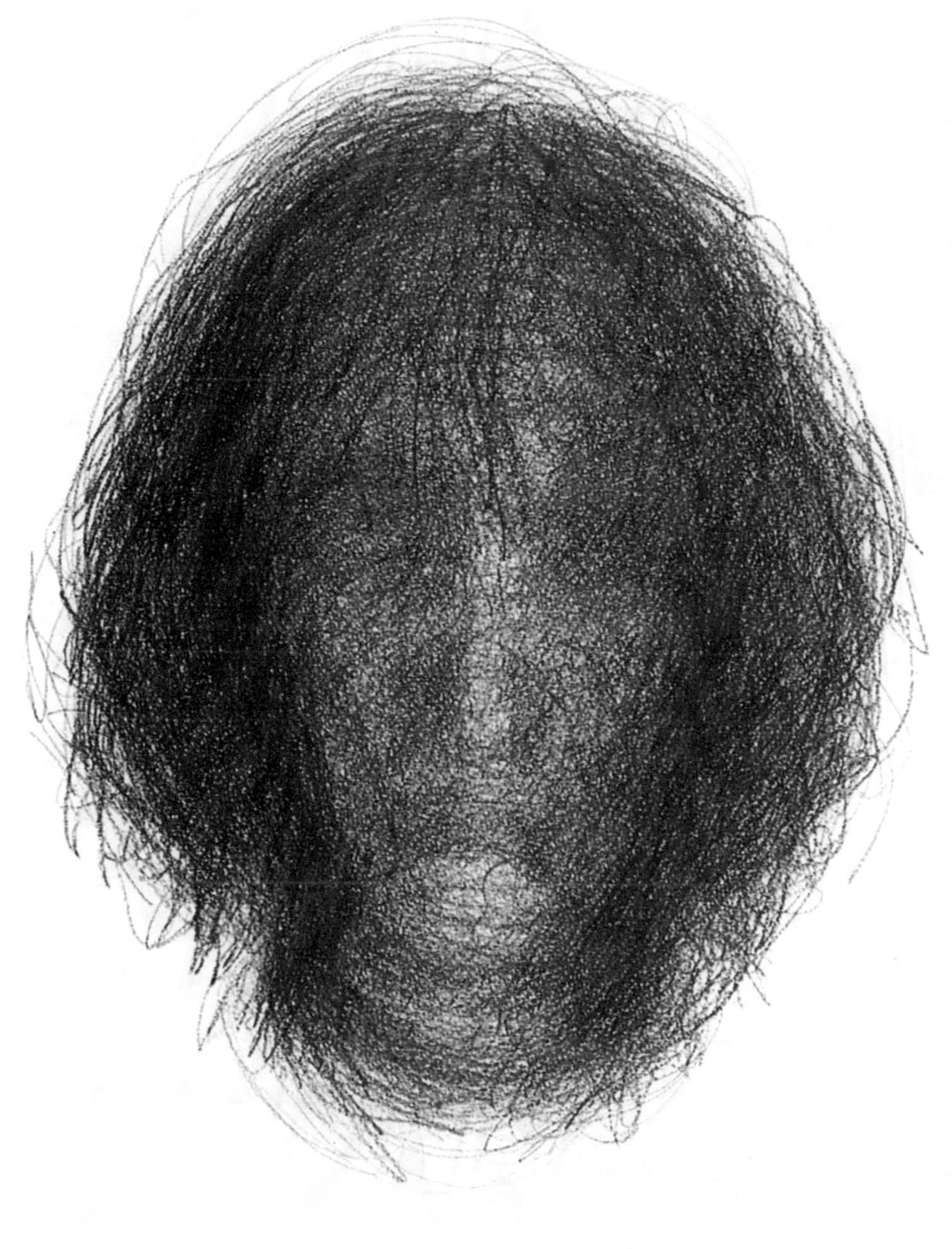

Modellierend zeichnen – wachsender Raum.

SICH IN BEZIEHUNG ZUM GEGENSTAND SEHEN

Übung 61

Beobachten Sie sich im Spiegel, und zeichnen Sie sich selbst. Beginnen Sie mit schnellen gebärdehaften Linien, um das Ganze zu erfassen. Zeichnen Sie weiter, und nützen Sie Ihre Erfahrungen vom „tastenden" und „modellierenden" Sehen. Verbinden Sie Ihre unterschiedlichen Erfahrungen immer mehr zu einem Ganzen. Zeichnen Sie auch Ihnen gefühlsmäßig nahestehende Gegenstände, die Sie anstelle Ihres Kopfes porträtieren. „Sprechen" Sie mit diesen Gegenständen, während Sie zeichnen, und „hören" Sie ihnen zu. Wenn Sie sich selbst öffnen, beginnen die Gegenstände zu sprechen, sie lassen sich sehen. Zeichnen Sie langsam und still, um zu „hören", was die Dinge Ihnen sagen. Stellen Sie Beziehungen her zwischen solchen Gegenständen und Ihrem Porträt. Aus der Kombination von Unerwartetem und Fremdem können neue Beziehungen und Erkenntnisse wachsen. Gewohntes wird irritiert, in seiner Selbstverständlichkeit hinterfragt. Inneres wird mit Äußerem, Bekanntes mit Unbekanntem verbunden. Zeichnen Sie auch immer wieder mit ungewöhnlichen, selbstgemachten Instrumenten. So können unerwartete, „fremde" Spuren entstehen. Erleben Sie Möglichkeiten aus Zufällen. Um Unerwartetes als Chance zu nützen, ist es wichtig, dafür offen zu sein. Machen Sie hier das Entdecken von Möglichkeiten und das „Zuhören" zur ersten Priorität.

RAUM – MANIFESTATION VON GEWICHT

Bevor wir eine Form in ihrem Detailreichtum wahrgenommen haben, nehmen wir sinnlich direkt das Gewicht wahr. Wir sehen „Dickes" und „Dünnes" und spüren so unmittelbar die Schwere. Das Volumen einer Form kann auch als dreidimensionale Manifestation von Gewicht gesehen werden. Befragen Sie beim Sehen einen Gegenstand nach seinem Gewicht. Setzen Sie sich mit der Energie Ihres eigenen Körpers in Beziehung zum Leichten und Schweren. Versuchen Sie den nötigen Energieaufwand zu spüren, den Sie aufzuwenden hätten, um verschiedene Gewichte zu heben. Zeichnen Sie, indem Sie Zeichen für die Verteilung der Gewichte im Raum setzen. Auf diese Weise wird nicht nur Volumen abgebildet, sondern der Sinn für Masse, für Leichtes und Schweres gefördert. Zeichnen bedeutet hier auch zu dosieren, Leichtes und Schweres zu sehen und es gestaltend umzusetzen.

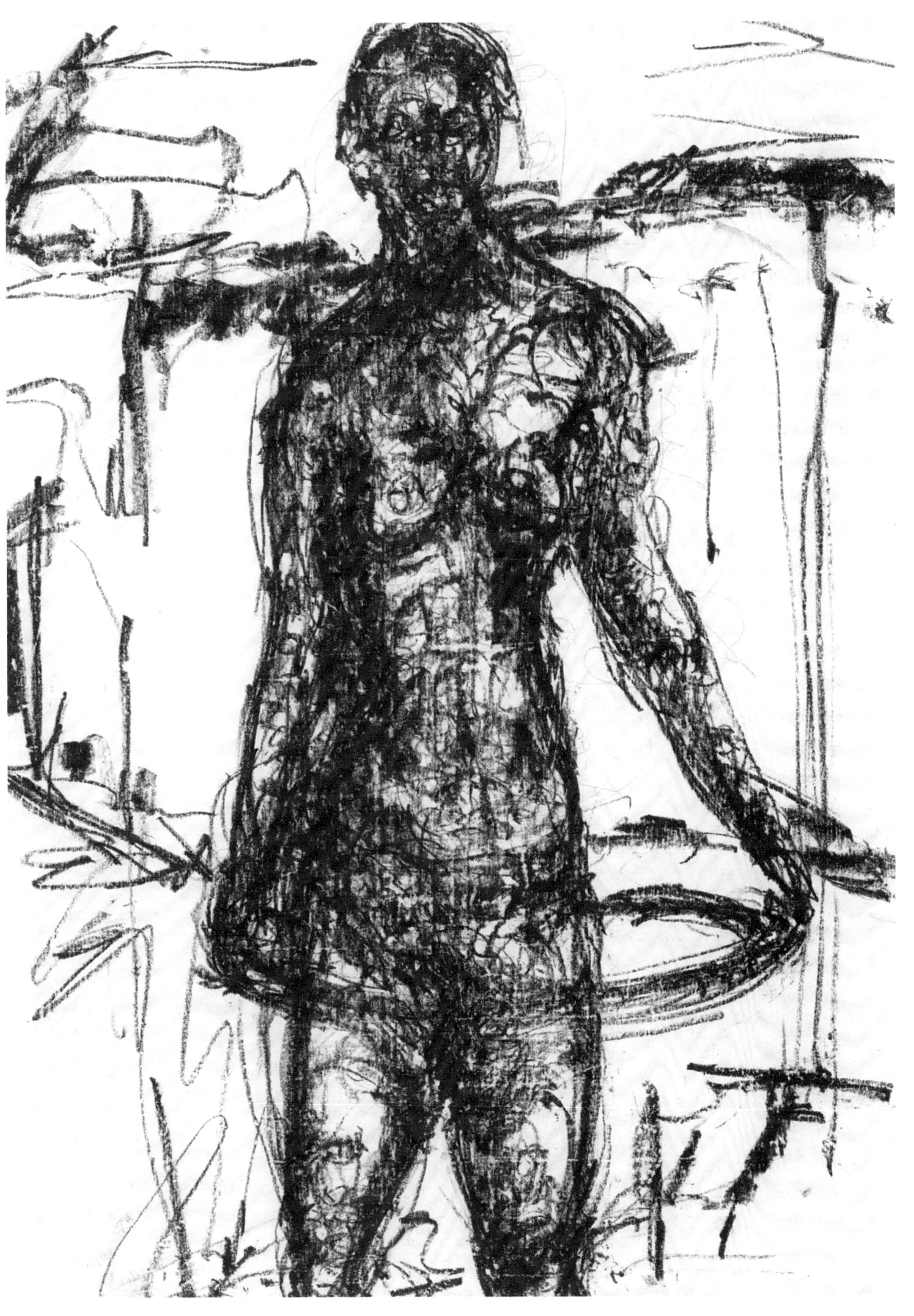

Übung 62

Suchen Sie verschiedene Gegenstände von ähnlicher Form und Größe, aber von verschiedenem Gewicht. Schließen Sie die Augen, und wiegen Sie die Gegenstände abwechselnd mit Ihren Händen. Spüren Sie das Material, die Verteilung des Gewichtes, das Schwere und Leichte. Zeichnen Sie danach „blind", indem Sie sich auf die Energie konzentrieren, die Sie für das Heben des Gegenstandes benötigt haben. Benutzen sie quergestellte Stifte, Fettkreiden etc., und zeichnen Sie schnell, aus dem Spüren. Versuchen Sie nicht abzubilden, sondern diese Energie des Wägens in Spuren sichtbar zu machen. Betrachten Sie Ihre Zeichnungen und erleben Sie, wie durch die Verteilung von Gewichten Raum spürbar wird.

Übung 63

Benutzen Sie A2-große Papiere, quergestellte Graphit-, Fett- oder Kohlestifte. Betrachten Sie einen Menschen, wie er in verschiedenen Posen in den Raum hinausgreift. Erleben Sie den Körper und die Verteilung des Gewichts im Raum. Wo spüren Sie Schweres und Leichtes? Beginnen Sie zu zeichnen, ohne zu kopieren, indem Sie die Verteilung des Gewichts im Raum „modellieren". Zeichnen heißt hier, unmittelbar mit den eigenen Körperkräften am Geschehen beteiligt zu sein. Variieren Sie die Intensität des Drucks, indem Sie auf das Leichte und Schwere reagieren. Kombinieren Sie diese Erfahrungen mit solchen aus vorausgegangenen Übungen, und verbinden Sie Ihre Erkenntnisse. Führen Sie diese Übungen auch spontan modellierend mit Ton durch, um so die Verteilung des Gewichts noch direkter wahrzunehmen. Zeichnen Sie auch anhand dieser modellierten Figur.

DER KÖRPER ALS BEWEGUNG

Formen füllen, greifen aus und bewegen sich im Raum. Ohne Bewegung ist Raum nicht erfahrbar. Wir nehmen hier den Körper wahr mit seinen vielfältigen Formelementen und deren Ausdehnung im Raum. Wenn wir den Körper in dieser Weise betrachten, konzentrieren wir uns nicht auf die Einzelformen, sondern auf die Ganzheit in Bewegung. Zeichnen mit Sinn für das Ganze bedeutet auch, den Menschen, der Ihnen als „Modell" dient, in einer lebendigen Beziehung als Ganzes wahrzunehmen. Das Auseinanderreissen und Analysieren fragmentiert und verhindert, ganz am Leben teilzunehmen.

Übung 64

Stellen Sie sich vor, wie Sie einen Baum in einer nebligen Landschaft betrachten. Einzelteile, Farben oder Strukturen fallen mit dem Ganzen zusammen. So können Sie die Ganzheit erkennen. Zeichnen Sie den menschlichen Körper, indem Sie sich nur auf die Gesamtformen und -bewegungen im Raum konzentrieren, und suchen Sie dabei die charakteristischen Grundformen. Binden Sie die einzelnen Teile in größere Zusammenhänge ein. Zeichnen Sie mit quergestellten Stiften und machen Sie so das Ausgreifen, die Bewegung des Körpers im Raum sichtbar.

DIE IMAGINÄRE KISTE

Übung 64

Benutzen Sie quergestellte Stifte, Fettkreide, Kohle oder Graphit, A3-Papier. Beobachten Sie einen Menschen im Raum, wie er verschiedene ausgreifende Posen einnimmt, sitzend, stehend, sich anlehnend etc. Stellen Sie sich vor, der Körper befinde sich in einer gläsernen Kiste, die er von innen her an allen Seiten berührt. Zeichnen Sie diese „imaginäre“ Glaskiste samt Boden und konzentrieren Sie sich darauf, wie die Formen im Raum ausgreifen und die Seiten der „Glaskiste“ berühren. Beginnen Sie mit quergestellten Stiften zu zeichnen. Formulieren Sie die großen Bewegungen im Raum. Achten Sie dann auf die Verteilung des Leichten und Schweren, auf das Vorne und Hinten, auf die Seiten. Zeichnen Sie nur Grundformen, und verzichten Sie auf Einzelformen. Zeichnen Sie intensiver was schwer, schwächer was leicht ist. Entdecken Sie eigene zeichnerische Möglichkeiten, die Verteilung der Gewichte sichtbar zu machen.

ZEICHEN SETZEN FÜR GESEHENES

Übung 65

Benutzen Sie A2-Formate, und zeichnen Sie beidhändig mit Kohle-, Graphit- oder Bleistiften etc. Betrachten Sie aufmerksam einen Menschen im Raum. Konzentrieren Sie sich auch auf seine Umgebung, auf die Bewegung, das Ausgreifen im Raum. Achten Sie auf die Verteilung der Gewichte, auf das Licht, auf Strukturen, Bewegungen, Richtungen etc. Zeichnen Sie dann während ca. 20 Minuten, ohne auf das Papier zu sehen. Setzen Sie für jede Beobachtung eine Bewegung, eine Spur, ein Zeichen, und denken Sie weder an Leistung noch an Kopieren. Benutzen Sie Ihre Stifte in vielfältiger Weise. Spielen Sie und gehen Sie Risiken ein, nicht wissend, wohin Sie das Sehen führt. Reagieren Sie auf alles, was Sie wahrnehmen mit einer Bewegung, einem Zeichen. Wahrnehmen, Sehen, Erleben lösen Bewegungen aus, so entstehen Spuren, Zeichen – spontan, lebendig, neugierig und offen. Stellen Sie nicht die Frage, wie es aussehen soll, sondern: Was spüre ich, was nehme ich wahr, welche Bewegungen werden angeregt? Reagieren Sie intuitiv und mit offenen Sinnen auf alles, was Sie sehen, spüren, fühlen. Füllen Sie das ganze Format, und reagieren Sie ohne Unterschied auch auf die Elemente des Raumes. Zeichnen Sie lebendig, tastend, schreibend, kritzelnd, ohne zu kopieren. Zeichnen Sie in Ihrer eigenen Dynamik, und beobachten Sie immer auch sich selbst – Spannung, Verspannung, den Atem, Gefühle und Gedanken. Es ist möglich, diese Zeichen-Spuren mit dem Atmen in Beziehung zu bringen. Beobachten Sie, während Sie einatmen, setzen Sie Spuren, während Sie ausatmen. Entwickeln Sie selbst eigene Spielregeln. Verwenden Sie verschiedene Zeicheninstrumente. Spielerische Dynamik verbindet sich mit Achtsamkeit. Reagieren Sie mit Bewegungspuren auf den Raum, auf das Vorne und Hinten, auf die Stofflichkeit, auf das Helle und Dunkle. Denken Sie nicht an richtig oder falsch, sondern erleben Sie die Möglichkeiten von stärkerer oder gelassener Aufmerksamkeit. Ihre Zeichnung entsteht aus dem Geheimnis von Spüren, Sehen und Bewegen. Zeichnen Sie nach ca. 15 Minuten weiter, indem Sie die Stifte mit einem Radiergummi tauschen, jedoch ohne Absicht zu korrigieren. Der Radiergummi wird zu einem gestaltenden Instrument. Reagieren Sie damit auf Helles. Können Sie Freude finden an diesem ungewöhnlichen Tun? Akzeptieren Sie Unsicherheit als Teil des kreativen Prozesses – Sie werden dadurch offen für Veränderung. Ergänzen Sie danach Ihre Zeichnung, das Beobachtete und das Gezeichnete vergleichend, um Akzente zu setzen, zu verstärken, zu präzisieren,

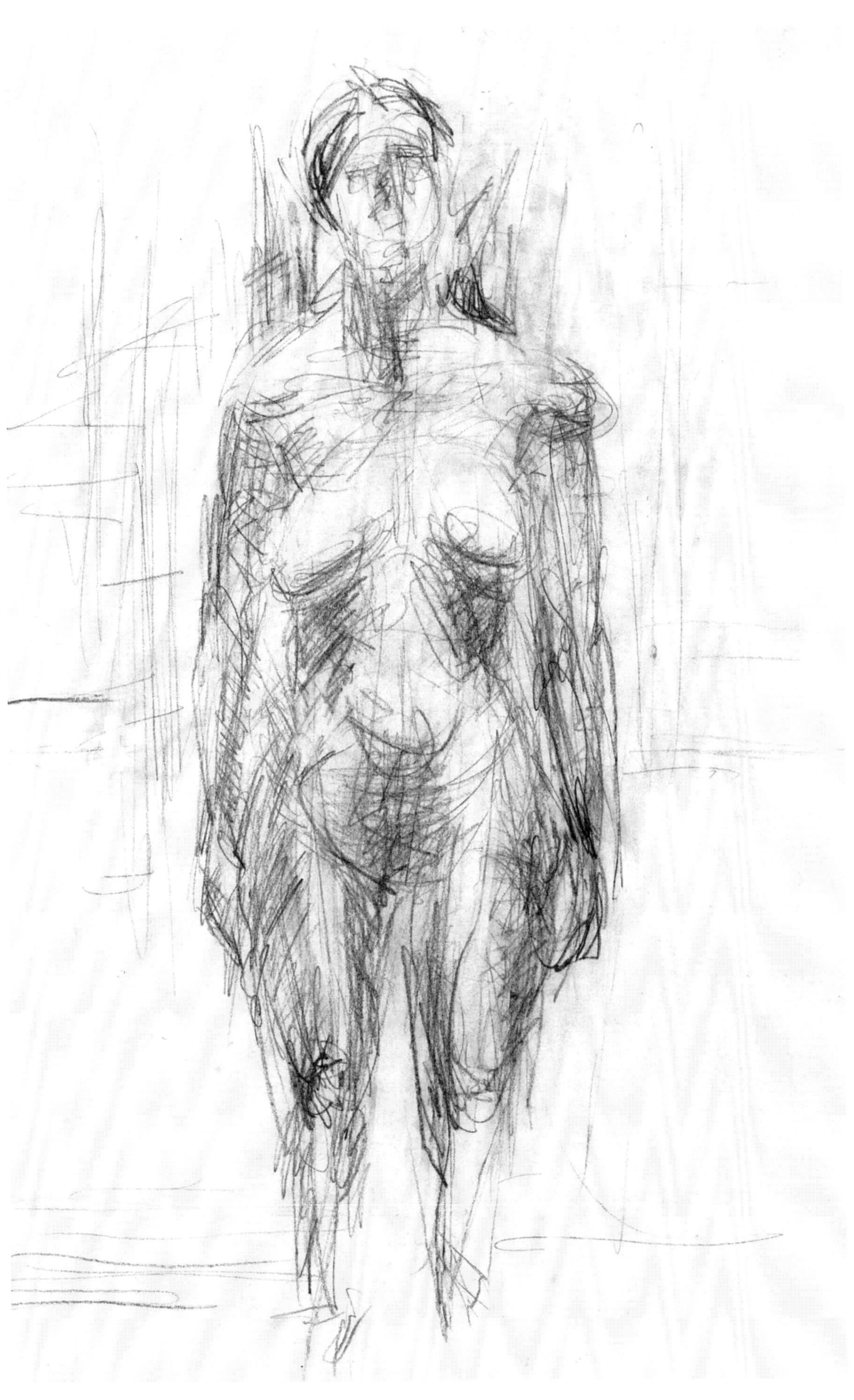

Beobachtungsspuren – Bewegungsspuren aus der Unmittelbarkeit des Erlebens.

ohne aber dabei die lebendige Struktur der Spuren zu zerstören. Wiederholen Sie diese Übung immer wieder mit verschiedenen Instrumenten. Zeichnen Sie auch mit weißen Stiften auf schwarzes Papier. Setzen Sie so Spuren für das Licht in seinen verschiedenen „Schattierungen". Wenden Sie diese Übung auch auf andere Objekte an. Zeichnen Sie z.B. während einer Vollmondnacht im Freien, indem Sie das Licht abtasten, Lichtspuren hinterlassen. Entdecken Sie auch die Wirkung von Nähe und Ferne. So kann Sie auch der Blick auf eine Landschaft, auf eine Stadt zum Spurensetzen anregen.

Wir lassen in dieser Übung bewußt Raum offen für „schlecht"-Gemachtes. Nehmen Sie Ihre Ansprüche an Ihr Tun wahr, und versuchen Sie zu klären, was Ihre Absicht ist. Entwickeln Sie aus „Fehlern" eine Chance, indem Sie diese bewußt wiederholen, sogar verstärken, um mit ihnen umzugehen, statt sie zu überdecken und sich unwohl zu fühlen. Fehler sollten nicht einfach ausgemerzt werden. Sie können Impulse sein für neue Erfahrungen. Lernen Sie beim Zeichnen auch demjenigen Beachtung zu schenken, was Sie bis anhin als unbeachtenswert einstuften. Besonders heute ist es wichtig, seinen Blick nicht nur auf Perfektes, sondern auf Mögliches hin zu üben.

DIE BEZIEHUNG VON SICHTBAREM UND UNSICHTBAREM

Beim Zeichnen geht es nicht nur um die Differenzierung des Sehens, sondern auch um die Differenzierung des Fühlens. Wir betrachten Dinge oder einen Körper und versuchen, auch das Unsichtbare wahrzunehmen. Wir fragen so nach dem Klang, dem Geschmack, dem Geruch, der Wärme. Es versteht sich, daß dieses Sehen „innerlich" geschieht und nicht bloß äußerer Beobachtung entspricht. Versuchen Sie die Wahrnehmung im Fühlen zu erleben und so beim Zeichnen dem Sichtbaren das Unsichtbare hinzuzufügen. Zeichnen Sie, indem Sie sich sowohl vom Sehen als auch vom Gespürten führen lassen. Setzen Sie auch den Klang eines Körpers, den Geruch, die Wärme, den Geschmack, das, was Sie empfinden, in lebendige Spuren um, und lassen Sie so Bilder entstehen, die sowohl von der äußeren als auch von der inneren Wahrnehmung geführt werden. So wird das Leben anregend und reich, und wir können, immer wieder dasselbe betrachtend, zu neuen Erkenntnissen gelangen.

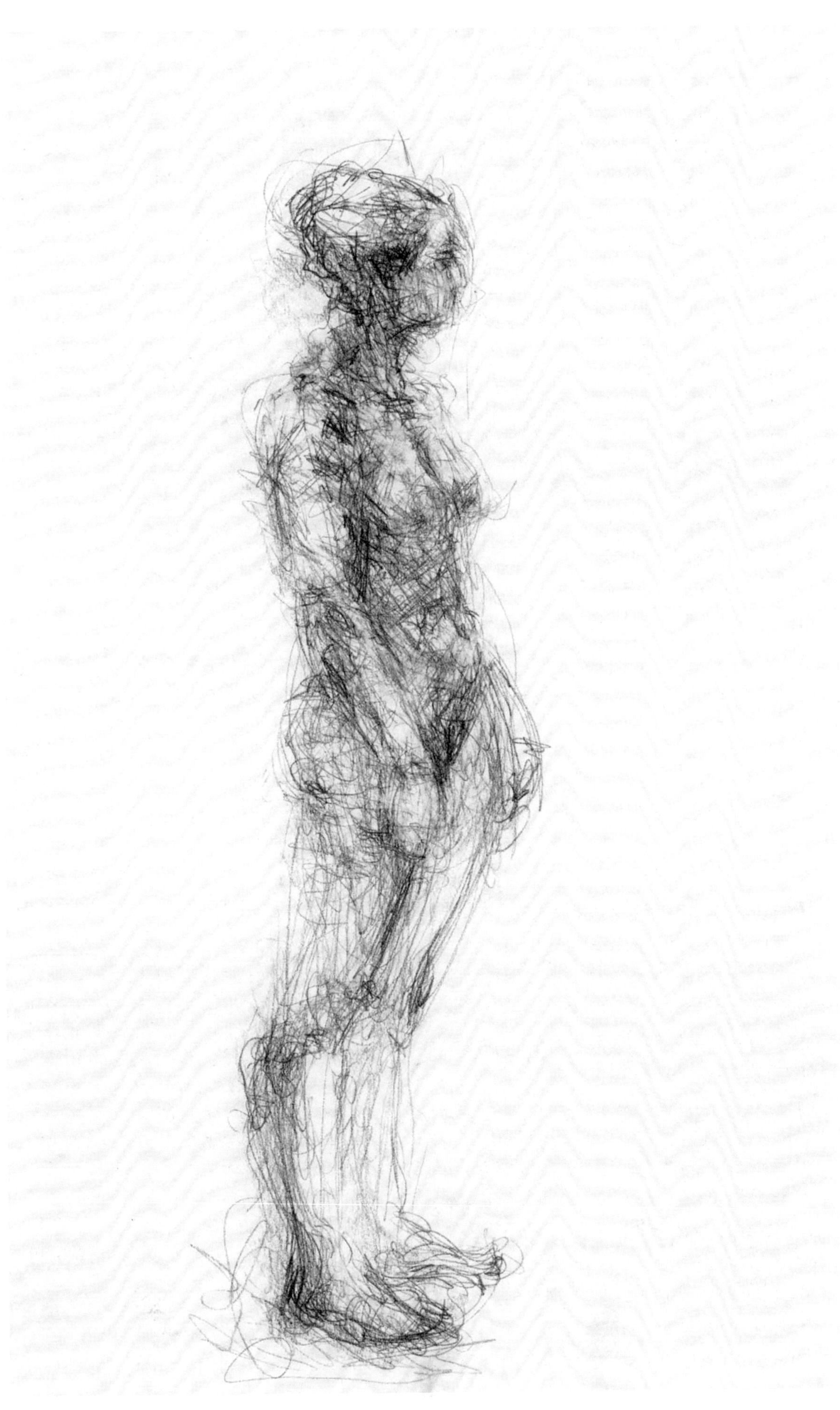

Beziehungsspuren – Berührungsspuren. Augen – Kopf – Herz – Hände.

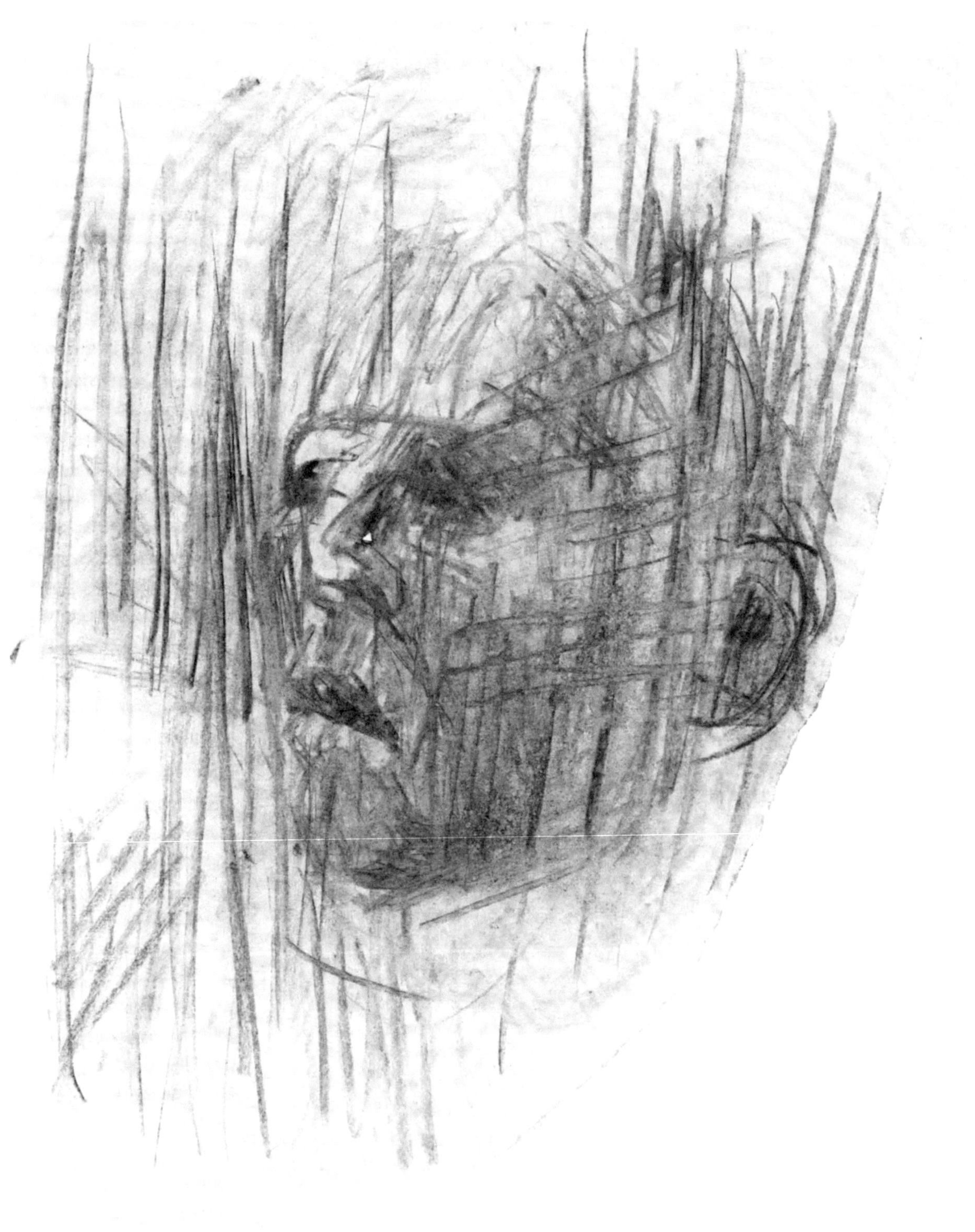

Bewegungen – Richtungen – Wirkungen. Zeichen für Gesehenes.

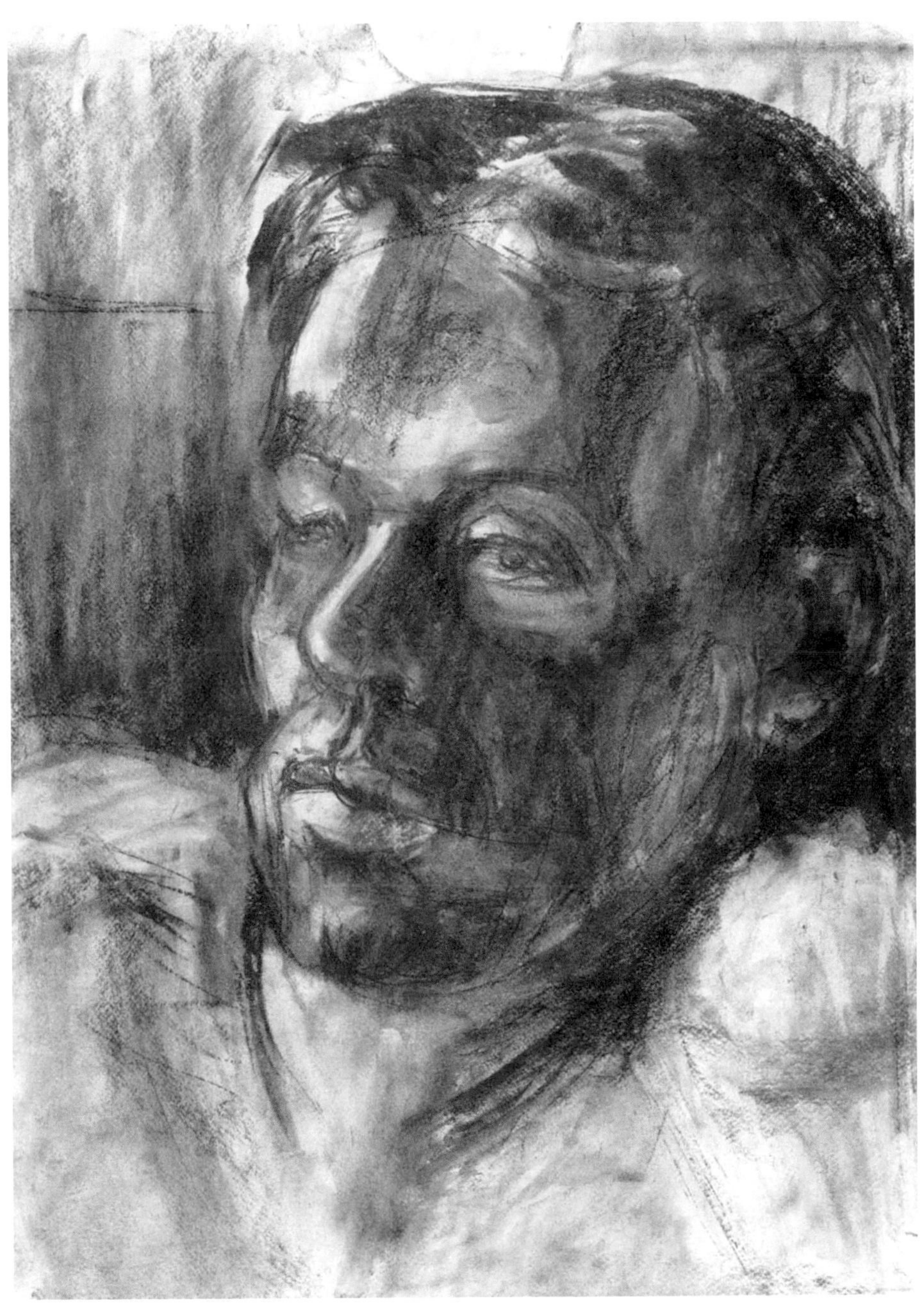

Lichtflecken – Schattenflecken.

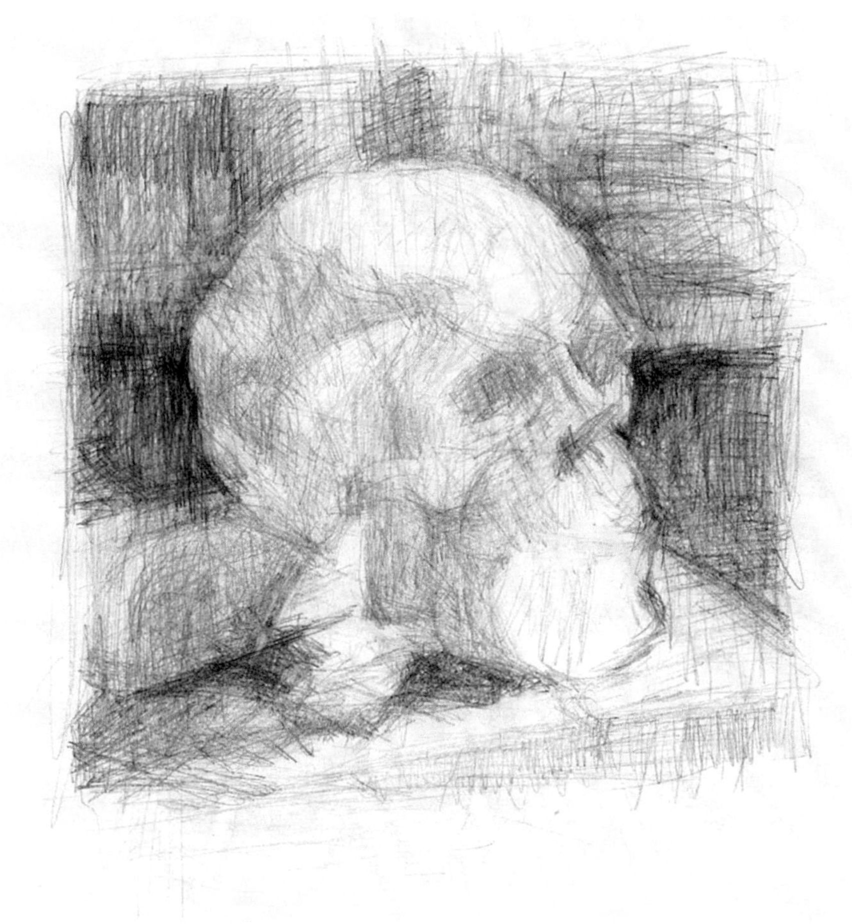

Leerräume – Lichtspuren – Schattenspuren.

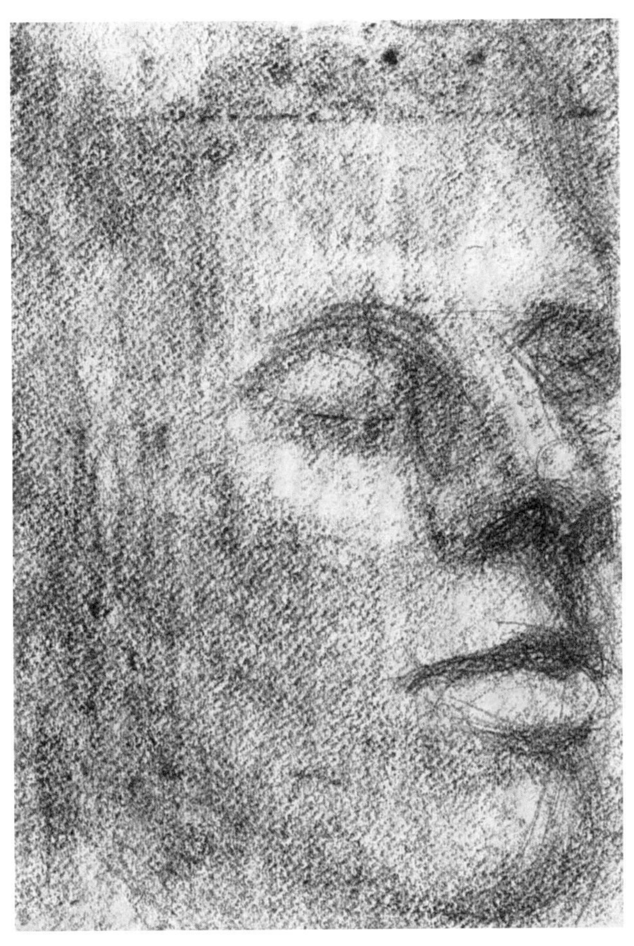

*„Ich versuche immer im Draußen das Drinnen zu sehen.
Ich versuche etwas zu sagen, das wahr ist. Aber vielleicht
ist nichts wirklich wahr.
Außer dem, was dort draußen ist. Und was dort
draußen ist, verändert sich laufend."*

Robert Frank

NACHLEUCHTEN

Übung 66

Benutzen Sie große Formate, Graphitstaub, Ihre Hände, Kohle, diverse Stifte. Betrachten Sie einen Menschen im Raum, und versuchen Sie das, was Sie sehen, am eigenen Körper zu spüren. Sehen heißt hier, ganz beteiligt zu sein. Schließen Sie immer wieder die Augen. Wie nehmen Sie das Gesehene im Inneren wahr, wie fühlt es sich an, was verändert sich in Ihrem eigenen Körper, welche Gedanken, Gefühle, Empfindungen, Erinnerungen tauchen auf? Erleben Sie das Sehen als Verbundenheit, und beobachten Sie Ihre Gedanken. Nehmen Sie sich Zeit, und versuchen Sie mit geschlossenen Augen das Gesehene im Inneren „nachleuchten" zu lassen. Zeichnen Sie nach diesem inneren Bild, bis sich das Erlebte vollständig in Ihrer Zeichnung abgelagert hat. Verbinden Sie hier das „sehende" Zeichnen und das „erinnernde" Zeichnen.
Zeichnen Sie immer wieder nach der Erinnerung, und versuchen sie Erinnerungsbilder wachzurufen. Anhand erinnerter Bilder aus Ihrem Alltag kann sich Ihre Vorstellungskraft entwickeln (siehe Übungen 25, 37, 60).

LICHT UND SCHATTEN

In dieser Übung richten wir unsere Aufmerksamkeit auf die Anwesenheit von Licht. Licht und Schatten sind nicht getrennt voneinander. Schatten ist Abwesenheit von Licht. Konzentrieren Sie sich beim Zeichnen insofern auf Schatten, als dadurch das Verständnis der Form vertieft wird. Die Auseinandersetzung mit dem Licht erweitert die Erfahrung mit der Form. Betrachten Sie einen Körper bei verschiedenen Beleuchtungen, und stellen Sie fest, wieviel Helles und Dunkles zur Klärung der Form beiträgt. Was unterstützt die räumliche Wirkung, was irritiert sie? Zuviel Schatten läßt eine Zeichnung flächig werden, dunkel, zweidimensional. Sehen Sie Schatten als fleckenhafte, raumbildende Formen. Assoziieren Sie zu diesen Formen. Nehmen Sie Beziehungen von Flecken und Linien wahr. Konzentrieren Sie sich vor allem auf die Form, sehen Sie Schatten als klärende Ergänzung. Nehmen Sie die Vielfalt der Helligkeiten wahr.

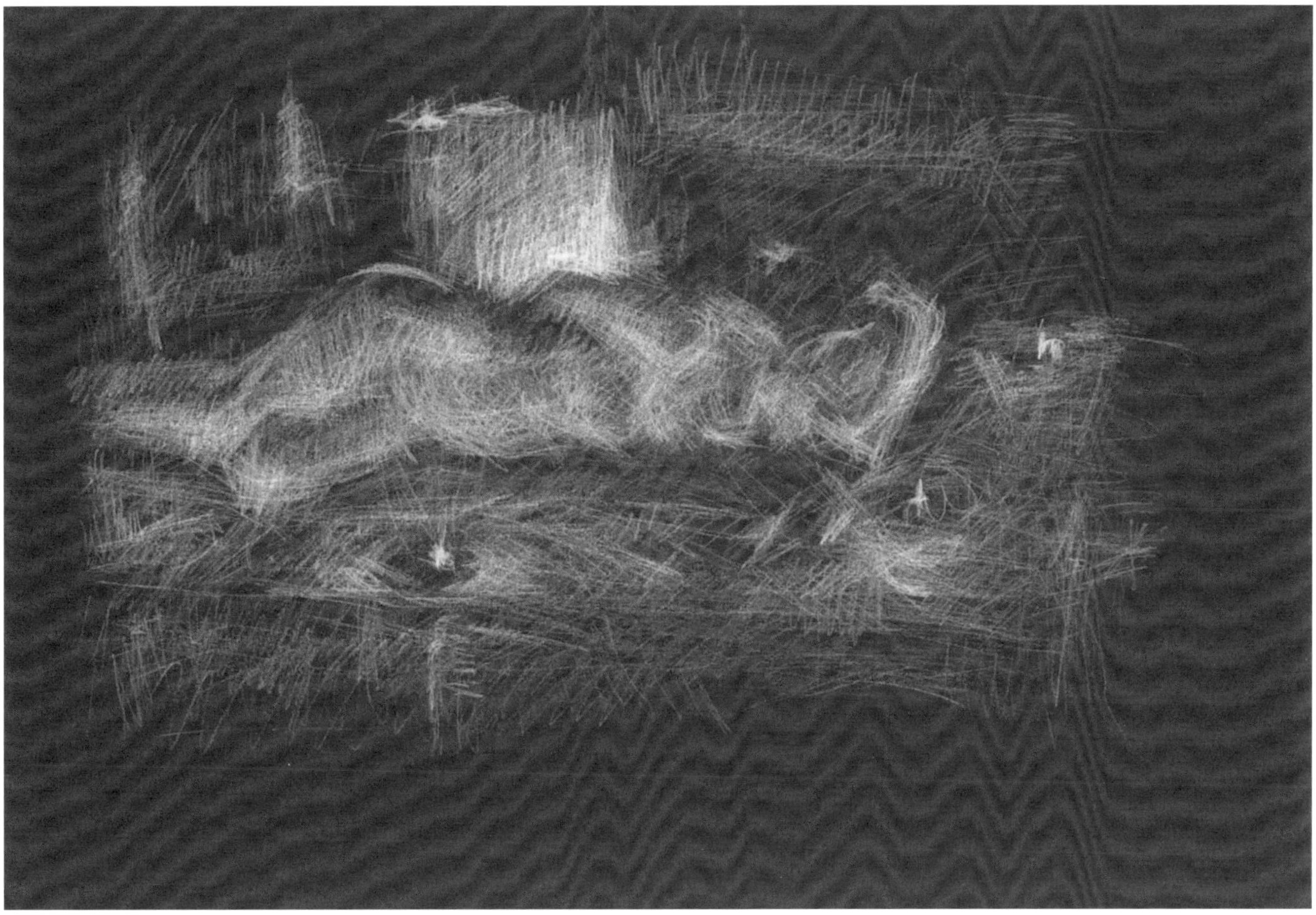

Das Licht im Raum tastend modellieren.

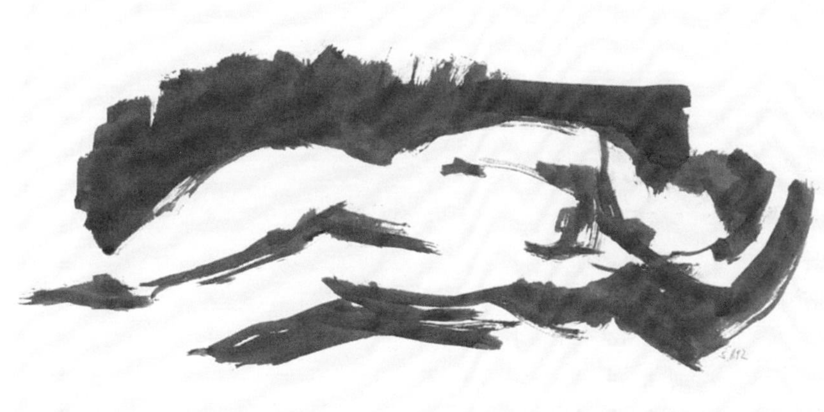

Lichtspuren – Schattenspuren.

Übung 67

Benutzen Sie A2-Formate, schwarzes und weißes Papier, weiße und schwarze Stifte. Beleuchten Sie in einem dunklen Raum einen Körper mit verschiedenen Lichtquellen wie Kerzen, Taschenlampen etc. Experimentieren Sie mit den verschiedenen Wirkungen von Licht und Schatten. Lassen Sie den Körper zeichnend entstehen, indem Sie die verschiedenen Lichtformen im Raum „abtasten“ und „modellieren“. Beobachten Sie die Vielfalt von Helligkeiten, und zeichnen Sie mit stärkerem oder schwächerem Druck.
Variieren Sie diese Übung, indem Sie Ihre Aufmerksamkeit auf das abwesende Licht richten. Sehen Sie nun die Schatten als Flecken im Raum, und „modellieren“ Sie diese zeichnend. Erleben Sie auch hier das Papier als Haut, den Stift als tastend-berührenden Finger und die Stille als Gefäß für ein aufmerksames, „zuhörendes“ Sehen (siehe Übung 65).

Übung 68

Färben Sie ein A2/A3-Format mit Kohle- oder Graphitstaub flächig ein. Konzentrieren Sie sich auf die Lichtformen eines Körpers. Zeichnen Sie dann mit einem Gummi, indem Sie das Licht aus dem grauen Grund herausradieren. Nehmen Sie auch die „leeren Räume“ wahr, und lassen Sie so den Körper aus diesen Lichtflecken wachsen. Ergänzen Sie diese Zeichnung, indem Sie Elemente des Schattens fleckenhaft zeichnen, kribbelnd, tastend, „modellierend“. Spielen Sie mit den Spannungen aus Licht und Schatten, und reduzieren Sie diese Flecken auf das Wesentliche.
Zeichnen Sie in diesem Sinne auch mit Tusche und Pinsel, wobei Sie sich auf Helles und Dunkles, auf die raumbildenden, wesentlichen Flecken konzentrieren. Beobachten sie den Körper als Ganzes aus dem Zusammenspiel heller und dunkler Formen.

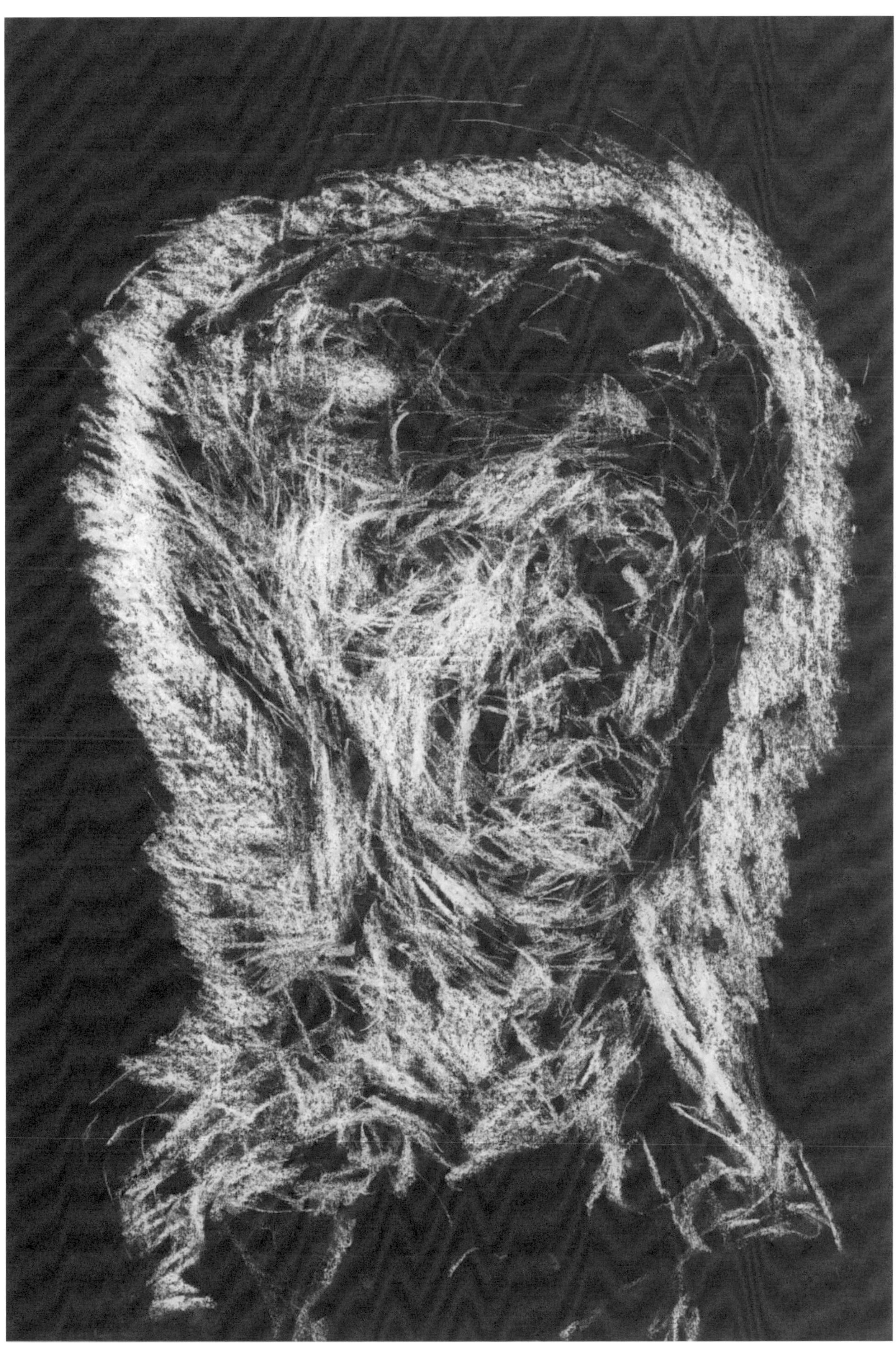

Tastend „modellieren" – die Anwesenheit von Licht.

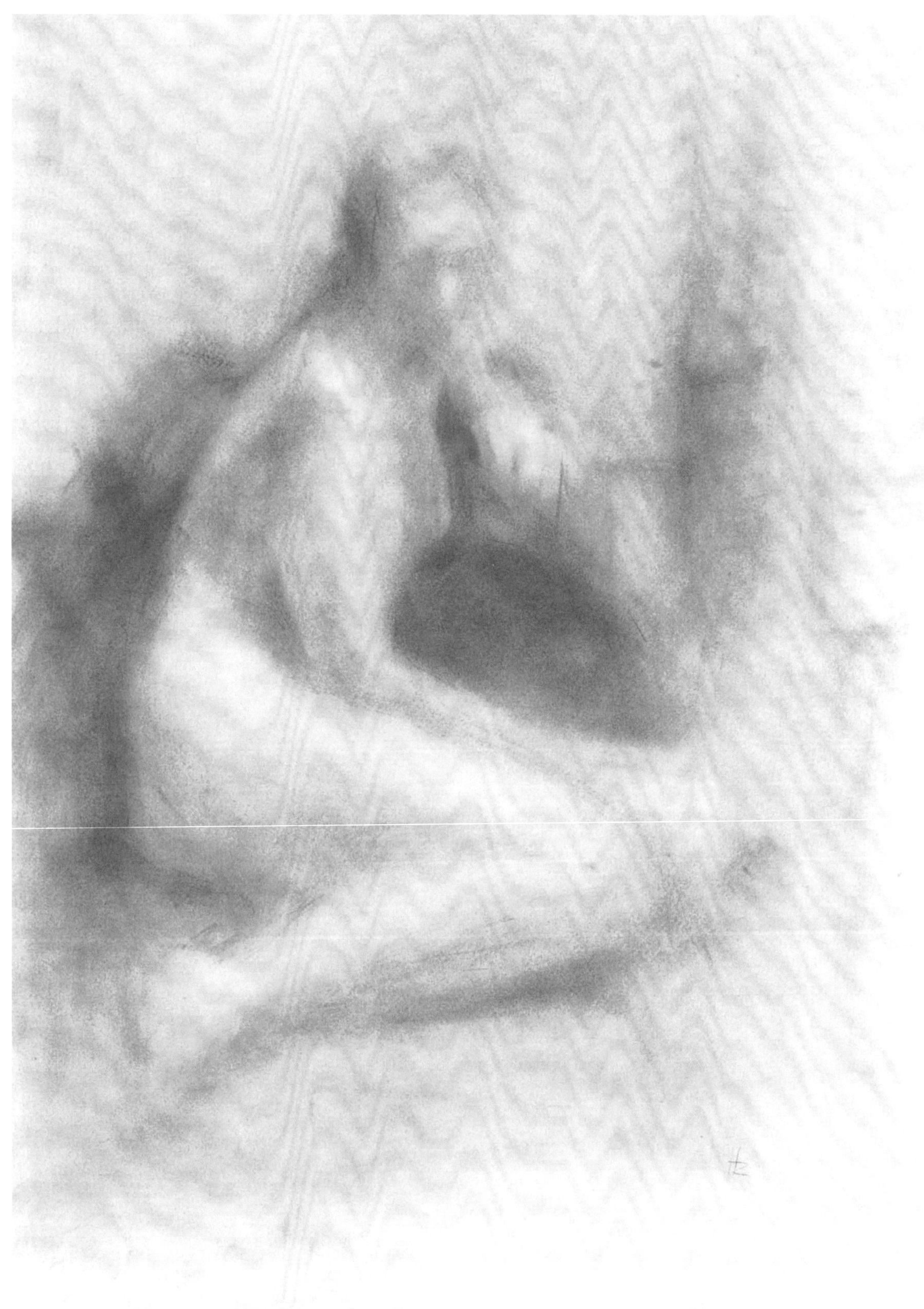

Fingerspuren – Grafitspuren. Die Einheit aus Gegensätzen.

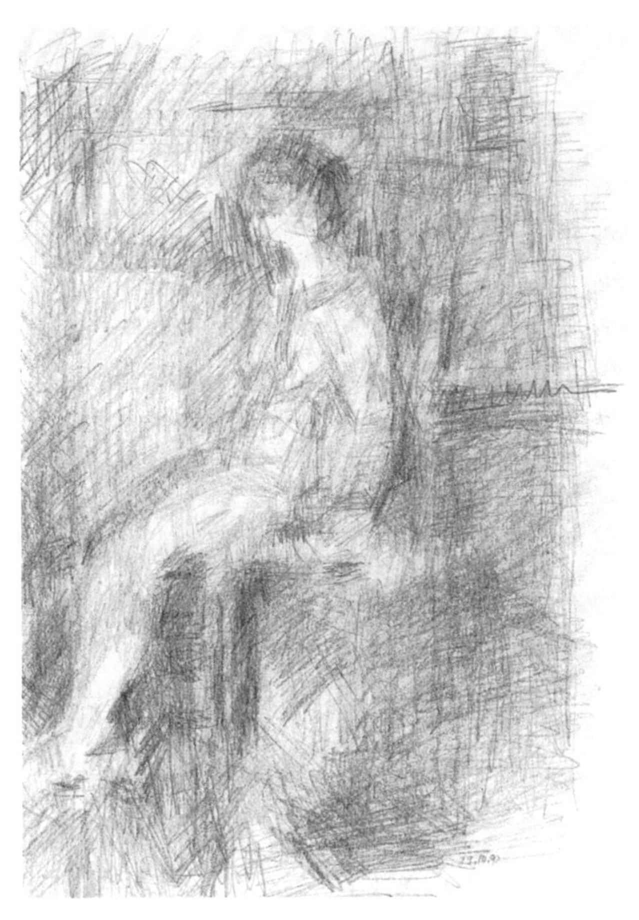

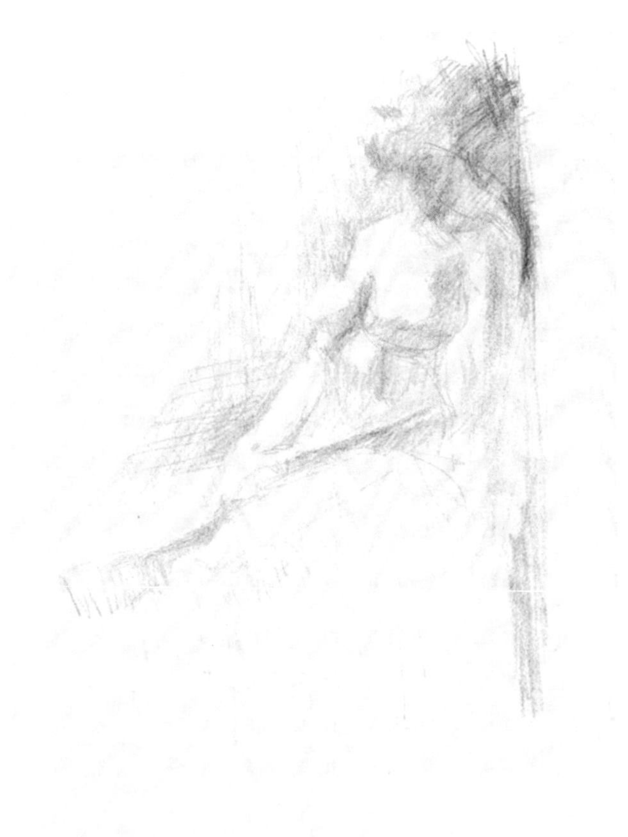

Beziehungen von Flecken und Linien.

VARIATION VON BEWEGUNG – CHARAKTERFORM

Es gibt keinen natürlichen Akt ohne Bewegung. Unser Körper bewegt sich bereits durch die Atmung. Erst durch die Bewegung des Herzens ist Leben möglich. Sehen und Zeichnen machen uns den Sinn von Bewegung bewußt. Zeichnen ist Rhythmus, Variation von Bewegung. Linien können lang oder kurz, dick oder dünn sein. Diese Eigenschaften sind immer relativ. Krumme oder gerade Linien sind hingegen immer gegensätzlich, Krummes ist immer krumm, Gerades immer gerade. Wir stellen hier die Frage nach der Bewegung, nach Beziehungen und Richtungen. So schaffen wir Klarheit über Rhythmen. Nicht Details oder Einzelformen interessieren uns, sondern die Variation von Bewegung. Sehen bedeutet hier, sich nur auf wesentliche Formen zu konzentrieren, alles Nebensächliche wegzulassen. Konzentrieren Sie sich hier ausschließlich auf die „Hauptrollen", auf krumme und gerade Linien. Lassen Sie alle „Nebenrollen" weg. Befragen Sie die Form nach ihrer Meinung, und nehmen Sie die Spannung aus der Variation von Bewegung wahr.

Übung 69

Nehmen Sie A2-Formate, Kohle, Bleistifte, Filzstifte, Pinsel usw. Beobachten Sie einen Menschen in einer bestimmten Pose. Befragen Sie die Form nach ihrem Charakter. Sehen Sie die Grundbewegung des gesamten Körpers in geraden oder krummen Linien, und konzentrieren Sie sich nur auf die wesentlichen Formen. Beobachten Sie später auch Einzelformen. Zeichnen Sie nur mit geraden und krummen Linien. Gehen Sie nicht auf Nuancen ein, fassen Sie Einheiten zusammen. Entscheiden Sie sich ganz klar für gerade oder krumme Linien und für Richtungsänderungen. Erleben Sie so die Einheit der Form als ein Gefüge von Bewegungen aus geraden und krummen Linien. Denken Sie nicht an realistisches Abbilden, sondern konzentrieren Sie sich nur auf die charakteristische Linien, Richtungen und Bewegungen.

Entwickeln Sie Mut zur Entscheidung: Welche Richtung schlägt die Linie ein, wo verzweigt sie sich, wo ist sie gerade, wo krumm? Fassen Sie Wesentliches zusammen, und entdecken Sie die Spannung aus Abwechslung und Rhythmus, schaffen Sie ein charakteristisches Ganzes aus Kontrasten.

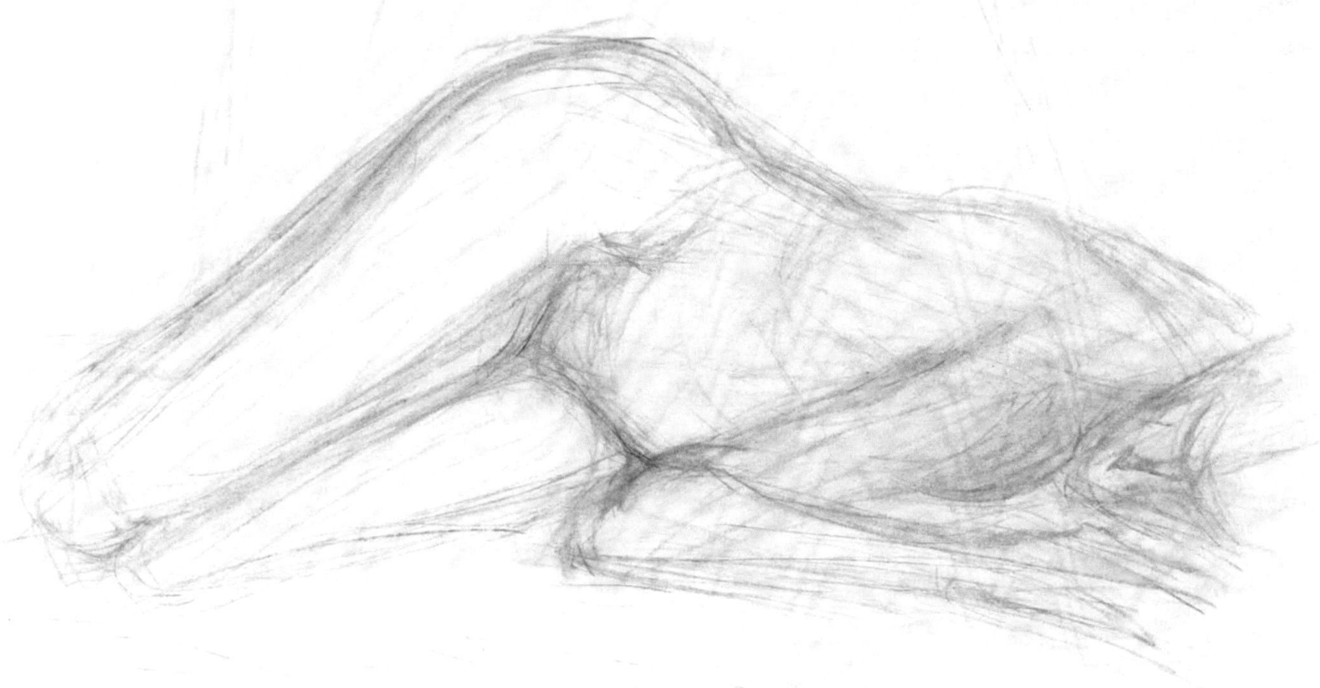

Grundelemente, Hauptthemen, Bewegung, Richtungen.

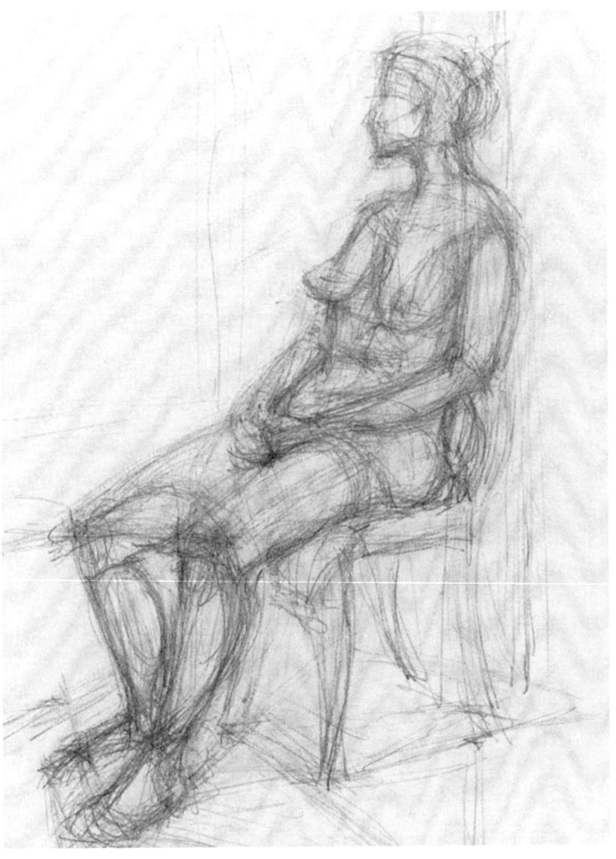

Zeichnen – Entscheiden. Variation von Bewegung.

GERADES ODER KRUMMES

Übung 70

Zeichnen Sie auf Ihrem Papier verschiedene Ausschnitte, kleinere, größere, hohe, schmale, breite Fenster. Konzentrieren Sie sich dann auf einzelne Körperstellen und stellen Sie sich vor, diese durch die Fenster zu betrachten. Zeichnen Sie dann nur gerade oder krumme Linien. So entstehen Ausschnitte, wo sie die Bewegungen sichtbar machen. Spielen Sie bei dieser Übung, indem Sie z.B. jeder geraden Linie eine krumme folgen lassen, oder machen Sie Bewegung sichtbar, in dem Sie einzelne gerade Linien aneinanderreihen. Erleben Sie die Herausforderung, sich für eine Richtung, für eine Bewegung, für eine eindeutige Linie zu entscheiden. Zeichnen Sie anhand dieser Fenster Ausschnitte aus dem Kopf, dem Körper, den Händen oder auch Teile irgendwelcher Gegenstände, indem Sie sich auf gerade und krumme Linien beschränken.

Die Konzentration auf Rhythmen und die Variation von Bewegung fördern das Verständnis für Veränderung, die jedem natürlichen Akt innewohnt. Zeichnen bedeutet hier, die „Hauptthemen" sehen, sich zu entscheiden.

Übung 71

Bereiten Sie A2/A3-Papiere, Pinsel, verschiedene Stifte vor. Beobachten Sie verschiedene Posen eines Menschen und versuchen Sie, die innere Spannungslinie, die Grund- oder Hauptbewegungslinie zwischen Scheitel und Sohle zu sehen. Zeichnen Sie diese in einem Zug durch den ganzen Körper hindurch. Sie wird zu einer einzigen, zusammenfassenden krummen oder geraden Linie (ein tragendes inneres Gerüst). Welches ist die stärkste Bewegung des Körpers zwischen Scheitel und Sohle? Diese Linie kann sowohl Teile der Kontur berühren als auch durch das Innere führen. Ergänzen Sie diese Grundlinie mit geraden oder krummen Querlinien. Machen Sie so die Bewegungen, Beziehungen, Richtungen, Zusammenhänge und Gegensätze im Körper sichtbar. Beschränken Sie sich nur auf das Wesentliche, auf die charakteristischen Elemente der Form. So entstehen Zeichnungen aus Grundlinien und Grundformen, die den Körper als Einheit aus Bewegungen, aus Kontrasten, Rhythmen und Beziehungen sichtbar machen. Beschäftigen

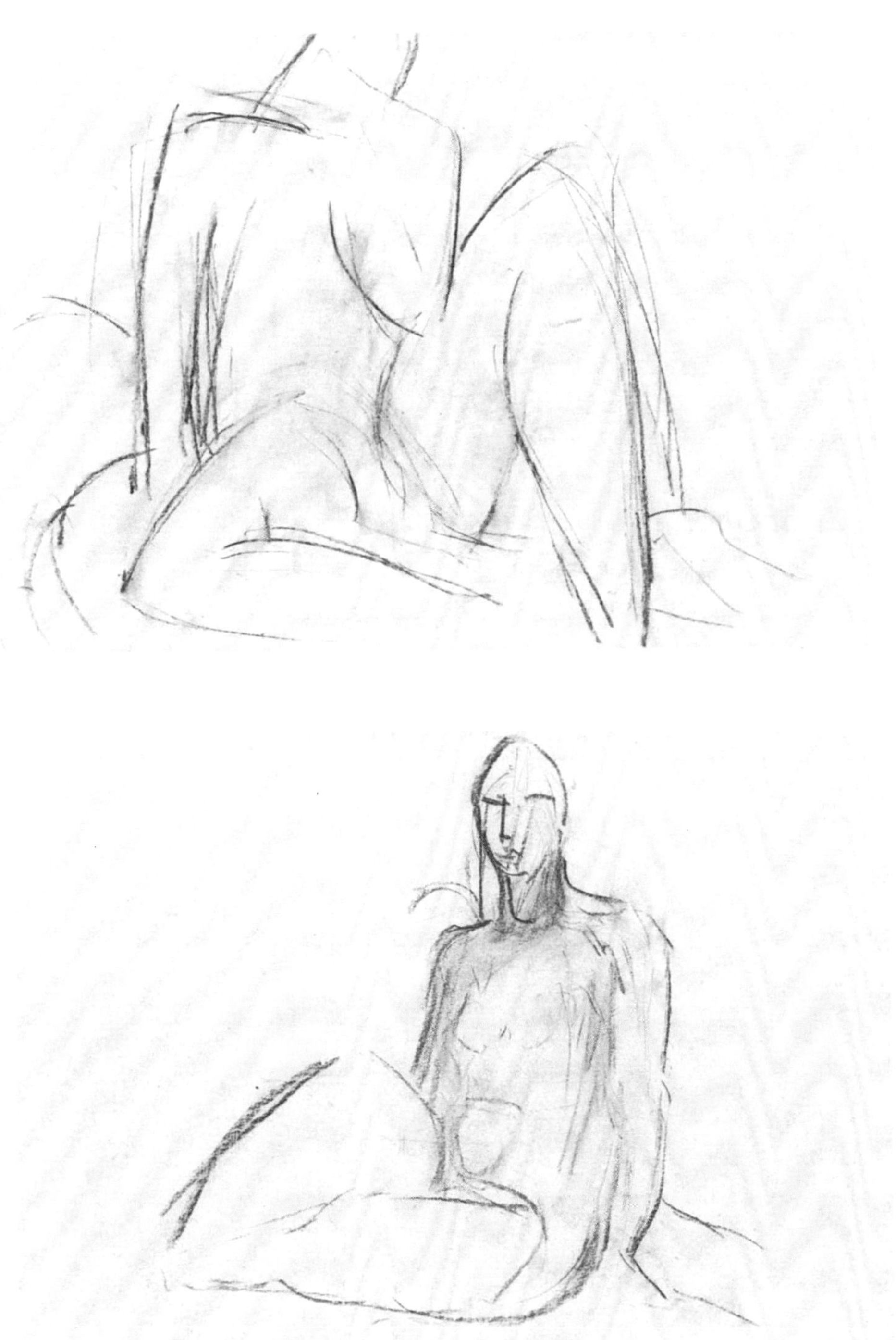

Die Meinung der Form.

Sie sich wieder mit dem einfachsten Element der Zeichnung, mit der Linie. Zeichnen Sie sowohl schnell, zusammenfassend, als auch langsam-forschend, und verbinden Sie diese Übung mit all dem, was Sie bereits kennengelernt und geübt haben.

Übung 72

Benützen Sie A2/A3-Papiere, Stifte, Kohle, Pinsel. Betrachten Sie einen Kopf von der Seite, und sehen Sie die Kontur als Variation von geraden und krummen Linien. Zeichnen bedeutet hier, sich für Kontraste zu entscheiden. Konzentrieren Sie sich auf Richtungsänderungen und Bewegungen. Spielen Sie, und geben Sie sich selber die Spielregeln. Zeichnen Sie z.B. alle Bewegungen aus längeren oder kürzeren Geraden. Achten Sie dabei auf Rhythmen – „hören" Sie so ein Gesicht, eine Form, als ob sie Musik „sehen" würden, Bögen, Linien, Kontraste, eine Folge von Rhythmen.
Sehen Sie solche Bewegungszusammenhänge durch den Kopf oder den gesamten Körper hindurch, und machen Sie diese sichtbar. Zeichnen Sie im Sinn von Aktion und Reaktion, Bewegung und Gegenbewegung. Aktion-Reaktion ist ein Gesetz des Lebens. Sobald Sie mit Ihrer Energie agieren, entsteht eine Reaktion, auch wenn sie nicht direkt sichtbar ist. Spüren Sie mit Ihrer aufmerksamen Wahrnehmung diese Wirkungen.

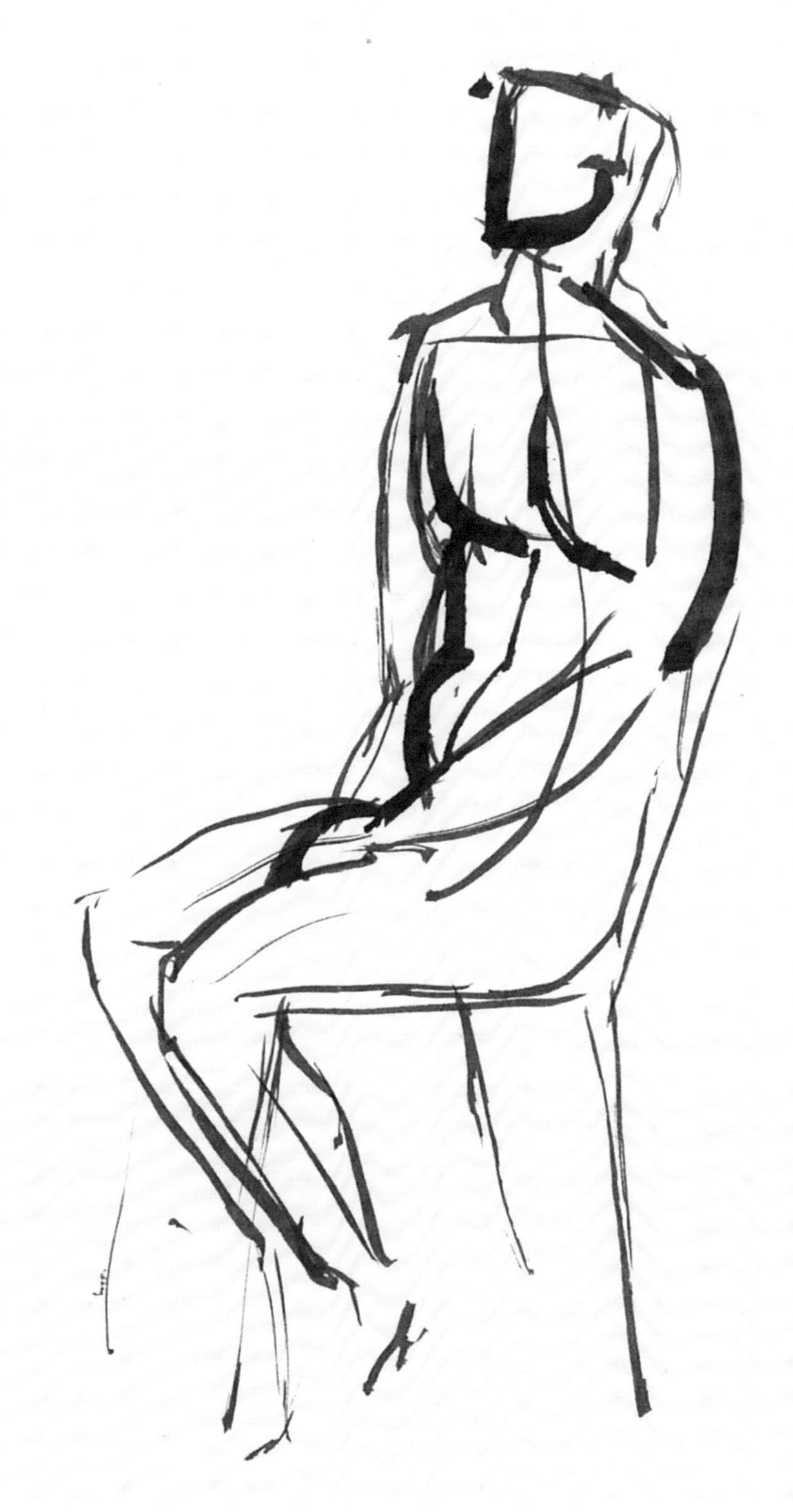

In diesem Buch ging es um das Unterwegssein. Was beim Zeichnen durch Ihre aufmerksame Sinnestätigkeit entstanden ist, sind lebendige Spuren aus Ihrer Beziehung. Die wichtigsten Dinge können nur durch Erleben verstanden werden. Zeichnen bedeutet ständiges Üben, und Sie üben auch dann, wenn Sie in Ihrem Alltag immer wieder innehalten und sich Ihres Körpers und Ihres Atems bewußt sind. Wenn Sie nicht bloß Zeichnen um zu profitieren, um etwas zu erreichen, sondern lernen, durch Ihre Aufmerksamkeit die Dinge zu schätzen, lernen Sie auch, sie zu bewahren. Zu zeichnen, um mit der Welt und mit uns selbst zu sein, einfach da zu sein, das ist die Kunst.

BILDNACHWEIS

Eggenberger Bea – 14, 25, 31, 54, 57, 61
Friedlos Astrid – 87, 101
Hobi Claudia – 75, 77, 88
Holzgang Otto – 109
Hörler Karin – 114
Jüngling Stephan – 104
Krattinger Iuri – 118, 119, 135
Loepfe Andreas – 108, 127
Meier Rosemarie – 85, 113u, 129, 139, 155
Rindlisbacher Manuel – 131
Schmid Jvo – 29
Suter Ueli – 33, 63, 65, 67, 89, 116, 117, 133, 147
Tschudi Vreni – 78, 79, 115
Zirn Hanna – 91, 113o, 120, 121, 123, 137, 140, 141, 142, 143, 148, 151

Leider sind uns nicht alle Zeichnerinnen und Zeichner bekannt. Wer eine Zeichnung von sich in diesem Buch abgebildet findet, die nicht im Bildnachweis aufgeführt ist, melde sich bitte beim Autor oder beim Zytglogge Verlag.

DANK

Autor und Verlag danken der Cassinelli-Vogel-Stiftung Zürich, der Präsidialabteilung der Stadt Zürich, der Caran d'Ache Genf, der Walter- und Ambrosina-Oertli-Stiftung Zürich und der Firma Meier & Pfister Ag, Effretikon für die Unterstützung.

IMPRESSUM

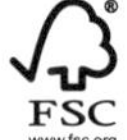

MIX
Papier aus verantwortungsvollen Quellen
FSC® C068066

6. Auflage 2015

Lektorat: Caecilia Ebeling
Satz und Gestaltung: Thomas Lüchinger und Zytglogge Verlag, Edith Biedermann
Fotolithos: Meier & Pfister AG, Effretikon
Gesamtherstellung: Schwabe AG, Druckerei, Muttenz/Basel
Printed in Switzerland
ISBN 978-3-7296-0506-0

www.zytglogge.ch

‹Intuitiv malen – Wege zur Kreativität› ist eine konsequente Weiterführung der Philosophie, die bereits im Buch ‹Intuitiv zeichnen – Sehen mit allen Sinnen› zum Ausdruck kommt. Es geht dabei um das Lernen als eine vertiefte Beziehung zu sich selbst und zum Gegenstand der Auseinandersetzung. Das Können, welches dabei entwickelt wird, ist weit mehr als die Fähigkeit, ‹richtig› zu zeichnen oder zu malen. Vielmehr geht es dem Autor darum, die in uns allen schlummernden Ressourcen bewusst zu machen und diese durch den Abbau von Selbstkritik und falschen Erwartungen zu stärken. Das führt zu mehr Authentizität. Beide Bücher unterscheiden sich deshalb wohltuend von den vielen ‹How-to-do-Büchern›, die vor allem Rezepte zur Nachahmung anbieten. Dabei wird deutlich ersichtlich, dass der an verschiedenen Pädagogischen Hochschulen als Dozent tätige Autor seine Aufgabe darin sieht, den Lernenden durch schrittweise Impulse die Angst vor dem Versagen zu nehmen. ‹Fehler machen› bedeutet dann, lebendig zu sein und die ‹Fehler› als Impuls für neue Erfahrungen zu verwenden. Die vielen farbigen Abbildungen der Bilder von Kursteilnehmern vermitteln den Eindruck, dass Lernen wirklich Spass machen kann. Ein sehr anregendes Buch, das eigentlich eine Lebenshaltung ausdrückt, aber sicher kein Buch für jene, die erwarten, sich eine unpersönliche Fertigkeit in 10 Tagen anzueignen.

«Ich suche nicht – ich finde, ...» Ausgehend von dieser Erfahrung Picassos, der im Finden etwas völlig Neues sieht, nämlich die Bereitschaft, sich in Bewegung zu setzen, um offene Wege zu gehen, die Ungewissheit eines Wagnisses auf sich zu nehmen, sich vom Ziel ziehen zu lassen, um neue Möglichkeiten für sich zu erfahren, lädt uns Thomas Lüchinger ein, in vielen Einzelschritten und experimentellen Übungen zugeschüttetes kreatives Potential ‹freizumalen›.

Die zahlreichen Illustrationen der ‹wachsenden Bilder› unterstreichen das Anliegen des Autors in sehr angenehmer Weise.

Für Thomas Lüchinger ist Intuitives Malen eine Lebensart, die achtsame Anwesenheit im gegenwärtigen Augenblick, wo alles seinen Platz haben darf. «Bilder, die auf diesem Weg entstehen, werden, indem wir sie wachsen lassen. Es geht nicht darum Kunst zu machen.» Eine wichtige Aussage, um den Malenden den inneren und den äusseren Druck zu nehmen.

Mir gefällt die aufbauende Struktur sehr gut, die mich den Prozessverlauf der Übungen beobachten lässt. Ich kann mich aber auch jederzeit in ein beliebiges Thema meiner Wahl vertiefen, ohne notwendigen Lesevorlauf, denn Thomas Lüchinger führt wiederholt sorgsam und achtsam mit ‹Fantasiereisen› (Entspannungsübungen auf der Basis der Vorstellungskraft) in das kreative Umsetzen ein. Seine Haltung den Malenden gegenüber ist bestimmt von Mitfühlen, Schützen, Zusehen, Zuhören und Unterstützen. *Christiane Ludwig*

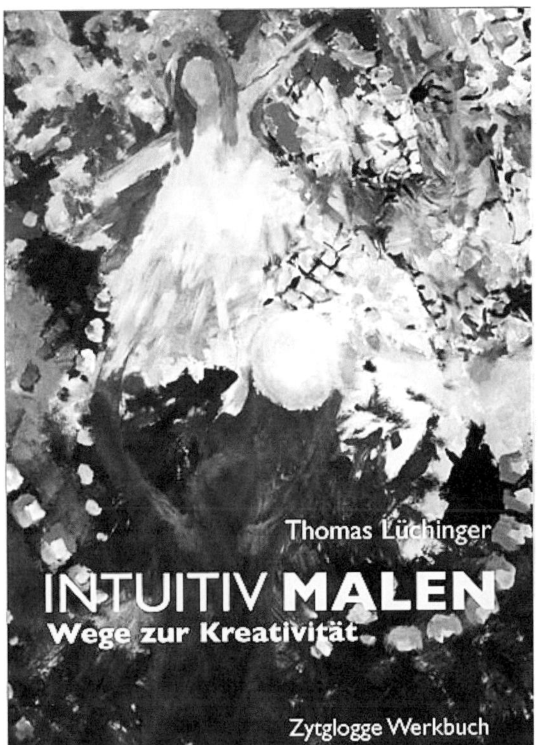

Thomas Lüchinger

Intuitiv Malen

Wege zur Kreativität

Intuitiv Malen ist kein Lehrgang zum Erlernen einer Technik. Vielmehr handelt es sich um eine Einladung an alle, die ihre Kreativität entdecken wollen. Damit sie sich von der inneren Stimme führen lassen und Vertrauen gewinnen in die schöpferischen Kräfte, die in uns allen schlummern, ohne Angst, ohne Konflikte. Dabei wird der Pinsel von der fragenden, inneren Bewegung geführt, von den achtsamen Augen. Alle sind in der Lage, intuitiv zu malen. Dazu braucht es kein Talent. Oft müssen aber Erwachsene diesen Zustand der Freude und des Vertrauens, den sie als Kinder hatten, wieder neu finden.

Erstausgabe 2005, 3. Aufl. 2015.
Br., A4, 152 S., mit vielen farbigen Bildbeispielen.
CHF 42.– / € 28.–
ISBN 978-3-7296-0701-9